为了人与书的相遇

杨奎松 著

“鬼子”来了

现代中国之惑

广西师范大学出版社
·桂林·

图书在版编目(CIP)数据

“鬼子”来了 / 杨奎松著 . -- 桂林：广西师范大学出版社，2016.7
ISBN 978-7-5495-7692-0
Ⅰ . ①鬼… Ⅱ . ①杨… Ⅲ . ①中国历史 - 近代史 - 文集
Ⅳ . ① K250.7-53
中国版本图书馆 CIP 数据核字 (2015) 第 290861 号

广西师范大学出版社出版发行
桂林市中华路22号 邮政编码：541001
网址：www.bbtpress.com

出 版 人：张艺兵
责任编辑：王家胜
装帧设计：马志方 里 巷
内文制作：龚碧函

全国新华书店经销
发行热线：010-64284815
山东鸿君杰文化发展有限公司

开本：850mm × 1168mm 1/32
印张：7.5 字数：134千字
2016年7月第1版 2016年7月第1次印刷
定价：48.00元

“鬼子”来了！（代序）

多年前姜文拍过一个片子，叫《鬼子来了》，看过的人大都称赞不已。作为历史研究者，我喜欢该片，除了它故事讲得流畅生动，演员演得形象逼真外，更是因为它能大胆直面复杂人性，真实地呈现出今人难得一见的现代中国史上一个悲摧的侧面。

这里说的“悲摧”，并不是姜文后来对记者解释的，即中国农民太过善良，不知该如何面对侵略的日本鬼子之类，也不是有的影评人所斥责的，那些农民像鲁迅笔下麻木冷漠的中国人一样，有奶便是娘，只会窝里斗，对侵略者全然没有愤恨。其实，片中发生在马大三等众多村民与日本鬼子之间的种种故事，所以会让今人深受触动，恰恰在于它和我们今天民族主义语境下的种种教育宣传形成了一种鲜明的反差。人们很难否认这一微观史实的存在，因为类似这种自私自利，不关心国家与社会，被一些人尖锐地批判为民族劣根性的表现，迄今为止依然可以在我们的身边看到。同时，许多人也不能理解：在日本大举入侵，中国政府和军队为保住国家付出重大牺牲，半壁河山惨遭涂炭的情况下，怎么还会有那么多国人只关心自家的温饱与得失，而不知民族国家为何物？

从历史的视角看问题，马大三一村人的表现并非不可理解。围绕着该不该杀日本兵花屋小三郎这个问题，之所以在黄河边上那个挂甲台村民中间，包括在大批观众中间，发生了那么多曲折和争论，与其说主要是中国农民太过善良或中国国民太过愚昧之过，不如说那个匆匆忙忙把抓获的花屋小三郎交给马大三来处理的人找错了对象。

马大三不敢杀花屋，固然有其本性善良的一面，但这一面是人大凡都会有。包括影片中鬼子兵花屋小三郎给人的印象，也可以清楚地看出这个日本农民身上也存在着善良的一面，但成了国家战争机器的一部分时，其人性的这一面有也很难再表现出来了。同样的情况，影片中那个被马大三请来杀人的刘爷，职业就是刽子手，从来杀人不眨眼，晚年谈起当年杀人之事，他也一样充满着职业的自豪感，丝毫看不出对生命有任何敬畏之心。然而，歇手多年，长时间不杀人，突然被请来杀人，面对鲜活的生命，他却一下子心虚起来。借着一刀砍空，他说什么都不肯再杀人了。

其实，杀人原本就不是农民本分中事。因为马大三或挂甲台村民不敢杀一个鬼子兵，甚至于梦想着可以和侵略者和平共处，就去责怪并批判这些农民，多少有些不近情理。在中国古代几千年的历史上，普通百姓见惯了“城头变幻大王旗”。管它王朝更迭多频繁，脸朝黄土背朝天的农民，一样完粮纳税，一样过日子。纵使碰到蛮夷入主中原，野蛮杀戮更甚于现代日本鬼子的情况，史上也鲜能见到习惯了逆来顺受的农民只为了反抗蛮夷入侵就起来造反的。这是因为，古代的所谓国家，本质上是“朕”的私产，是所谓“普天之下莫非王土，率土之滨莫非王臣”的帝王之物。其兴衰存废、统一分裂、奉送割让，“干卿底事”？如果那些有权有势的官宦贵胄或知书明理的举人秀才都当不了自己的家，又何尝轮得上那些连故土乡亲都不曾须臾离开过的底层农民去关心国家大事呢？

今人对电影里马大三等村民的表现容易敏感，无非是因为它们发生的年代距今太近，与自己从书本视听中得到的历史记忆差得太远。这也反映出，世人对于古代国家和现代国家是有完全不同的评价尺度或价值标准的。因为，和古代国家不同，今人观念中的现代国家是建立在国民认同基础上的政治文化共同体。换言之，不论是否做得到，至少20世纪越来越多的人都认同“国家兴亡，匹夫有责”的说法，相信没人能够离开国家而存在，且国强则民尊，国衰则民辱。因此客观上人们很容易认为，哪怕是远离都市的马大三这样闭塞的农民，也理当信奉并遵从卢梭所说的那个维系着这个共同体的公共意志，“把自己全部地奉献出来”，自觉地与侵略者做斗争。

问题在于，即使到抗日战争期间，大批像马大三这样脸朝黄土背朝天的普通农民，真的脱离了古代社会，进入到现代国家的运行轨道中来了吗？他们和正在艰难形成中的现代中国结成相互依存的关系了吗？他们在多大程度上成为了现代中国国民的一分子，享受到平等的公民权利，并据此意识到自己对这个国家、这个民族负有不可推卸的政治历史责任了呢？换言之，不管这个时候的中国是否废除了帝制，改换了国号，全国国民通过何种形式，并在何种程度上落实了其平等的国民身份，取得了政治的共识，使中国变成为一个现代的民族（国民）国家了呢?

谁都清楚，马大三等村民在抗战中的表现，在当年远称不上是最差的。二战前后那些年，在世界上众多被侵略的国家中，中国投降和臣服于侵略者的人不在少数，不少人甚至还帮着日本人残害自己的国人。但是，这并不意味着中国的历史在倒退，或在踏步不前。因为，和古代历史上中原王朝几度被异族颠覆，整个汉民族几乎全部或大部被征服的情况相比，20 世纪以来，特别是在日本侵占了大半个中国的情况下，中国社会上真正投降和臣服的人已经少得多了，相当多数国人顽强地坚持抵抗到了最后。仅此一点就足以说明，20 世纪以后，不仅世界在变，中国也在变。只不过，这个变化是渐进的、漫长的，而且是一个很不平衡的复杂过程。远不像今人常常下意识地认为的那样，可以一蹴而就、一步到位的。不独过去中国发展的历史是如此，整个世界的历史，包括当下世界各国社会政治的现状，其实也是如此。

对此，我们或许可以用黑格尔关于人之成为人，必须经过从“自在”进到“自为”的转变的说法来试做解读。

基于亚里士多德关于“人是有理性的动物”的观点，黑格尔指出：同样是人，生物意义上的人与社会意义上的人是不同的人。“胎儿自在地是人，但并非自为地是人；只有作为有教养的理性，它才是自为的人”。按黑格尔的观点，人只有形成了有教养的理性，才能“使自己成为自己自在地所是的那个东西”。否则，人充其量只是一个为自我而存在的生物意义上的人，而无法成为一个对自己和对他人有用的社会的人。

黑格尔的这一观点对马克思认识历史产生过重要影响。凡读过马克思关于无产阶级作为一种阶级力量，必须要从“自在”进到“自为”的成长过程的论述的读者，很容易看出马克思就是借助于黑格尔的这一对人的认识的解读，把它延用到了自己对阶级成长的问题的判断上去了。同样地，我们应该也可以用这样一种观点来看待一个民族从古代向现代，特别是一个落后民族中的普罗大众成长为具有现代意识的个体国民的演进过程。

用最直白的话来讲，古代社会条件下民族的存在，充其量只是自在意义上的民族。只有在现代国际关系条件下，一个自在的民族才可能在与他者的相互碰撞及交往中逐渐地形成一个自为的民族，确立自己的民族地位、国家属性及其国际社会政治的平等参与意识。

不难想象，这样一种转变不仅是长期的，还必须建立在现代工业化和城市化的发展基础之上，因而其发展也不可避免地会是严重不平衡的和不一致的。中国在外国人治理的租界城市诞生出诸如上海之类的个别现代都市，形成了一些读洋书、识洋字的现代知识人，出现了一批略识金融、市场和管理的现代工商业主，开启了中国现代化之路。但这并不意味着中国绝大多数人也因此都同步在“现代化”了，即使在各大中城市里，许多人的生产方式、生存方式依旧离现代工业、现代科技、现代公共社会的秩序、规则和观念甚远，又何况像马大三等生活在牛耕人种的传统农业生产方式中的几亿旧式农民呢？他们多数大字不识几个，村里既没有广播电视，也看不到报纸杂志，不少人甚至连县城都没去过，对村庄以外的世界几乎一无所知。处在这样一种境况下，他们又如何能够受到现代社会理性的教养，变成今人所希望的有血性和有觉悟的民族的国民之一分子呢？

由上述可知，生活在当下，了解一点中国近代社会的曲折进化过程，颇有必要。作为一个两千年来一直在传统社会轨道上缓慢爬行的农业国，中国自17、18世纪以来向人类现代工业社会迅速转进的每一步，都是有条件的。这一条件就是外部环境，亦即世界大势的迅猛发展与冲击。惟受此影响，中国社会沿海和内地、城市和乡村、精英与民众，乃至各种不同人群之间，在行为、观念及生活、交往方式上益现悬隔、碰撞，发展程度参差不齐，以致社会乱象丛生、矛盾冲突层出不穷，几乎不可避免。时至今日，人与人之间在思想上、观念上之差距，仍会有天壤之别。换言之，当年中国几亿人口中，缺少对国家民族认同的国人，又何止姜文片子里一个小村中那百十号农民呢？

“鬼子来了”！这是18、19世纪以来落后中国所面临的一个严峻的现实。这里所说的“鬼子”，当然不只是指当年占据中国半壁江山的那个“日本鬼子”。清代学人早就在使用“鬼子”这一概念了，只是他们当年视为“鬼子”的，并不是和中国发展水平差不多的日本人，而是高鼻子、蓝眼睛的西方人，称“以西人初入中国，人皆呼为‘鬼子’也”。近代西来的这些“鬼子”所以会让官学各界深感恐惑，恰恰反映出，对古代传统中国真正构成严重威胁的，从始至终都是挟西方现代工业文明而来的“西洋鬼子”。日本这个“东洋鬼子”后来所以也加入进来，也还是因为那个现代工业文明的作用。

如何看待中国这一二百年现代化的历史进程，一直是一个众说纷纭的问题。对于延续了两千年文化传统的古老中国来说，近代以来最“悲摧”的事也许莫过于“鬼子来了”。但按照孙中山的认识，人类社会现代进程本身，根本就是一种“世界潮流，浩浩荡荡，顺之者昌，逆之者亡”。那么，“鬼子”来了，也未必不是一件好事。日本人紧随其后不仅没有亡国灭种，反而得以跻身现代国家之林，中国又如何不能呢？

五十年前金耀基在《从传统到现代》一书的“自序”中曾写过这样一段话。他说：“百年来中国知识分子所主张的保守主义也好，‘全盘西化’也好，中西合璧也好，都是古典中国在西方文明挑战下所产生的本土运动的几个面向。从道德的动机上看，可能都是不错的。但是从文化认知的观点来看，就不免有令人失望的地方。”“现代化是历史的潮流，我们不能逆流而泳；现代化也是世界的趋势，我们不能违势而行。”“中国的出路有而且只有一条，那就是中国的现代化。其实，这也是全世界所有古老社会惟一可走并正在走的道路。”

在又纷纷扰扰了五十年之后，我们可以发现，一方面中国越来越现代，也就是离古代越来越远，越来越西化了，一方面识字读书的人越多，就越多些人会加入到那些“日日夜夜地在新、旧、中、西中打滚”的争论中来。五十年前和五十年后的唯一变化，顶多是学问长了些，大家不怎么讲“现代化”了，都改说“现代性”了。只是，任你道理讲千讲万，你不还得随着这世界潮流“浩浩荡荡”往前走吗?

本书下面所陈述和讨论的，很大程度上也呈现出了这一时代冲击所具有的两面甚至是多面作用的复杂面相。

目 录

不知有国？ / 1

种族平等？ / 11

此“启蒙”非彼启蒙 / 21

恢复中华？ / 33

以日为师 / 43

飘不久的黄龙旗 / 53

与外国委蛇 / 63

“你一国，我一国” / 73

爱人还是爱国？ / 83

爱乡还是爱国？ / 93

“国民国家”的流失 / 103

“恶国家甚于无国家” / 113

四海同胞主义 / 123

工人无祖国？ / 133

华人与狗不得入内？ / 143

立国的资格 / 153

祁老太爷的无奈 / 163

抗战建国 / 173

师傅领进门 / 185

这个世界谁“化”谁？ / 195

我们是谁？ / 205

幸福终点站？ / 215

后记 / 225

不知有国？

十年前有学者撰文称，1901 年梁启超流亡日本时在《清议报》上发表过一篇题为《论支那人国家思想之弱点》的论说文章，从地理和历史出发，结合西方现代民族国家的观点，说明中国人以往不仅“不知有国”，而且“不知国家为何物”。作者指称，多半就是由于梁有此说，导致西方人很早就有同样的说法。影响至今，在西方中国研究中认为前现代中国不是一个民族国家的观点，也相当普遍。因此，作者专门花了一些笔墨来做“勘误”，说明“中国”古已有之。

近些年，随着“中国经验”、“中国道路”、“中国模式”、“中国化”、“中国梦”等讨论甚至是研究热的出现，中国学人向西方民族国家建构论者论证“中国”系“自古以来”的著作文章变得越来越多了。不过，不论出自怎样的角度，这样的论证在中国又何尝断过？尤其是20世纪初期，无论是改良派还是革命党，凡投身于政治者，几乎都是救国论者，谁会怀疑“中国”古来有之？！不仅没有改良派、革命派会怀疑，而且他们中有人往往还像辜鸿铭一样，对中国五千年文化充满自豪，乃至于敢大胆预言，下一世纪必将是中国人的世纪。

比如，1899年梁启超就曾在中日刊物上公开宣告：“我中国之进化，远在欧洲人二千年以前，而今日欧洲之文明，与我相比，不啻霄壤。”只要政制改革，把国家由一家之私产变为人民之公产，“以一国之民治一国之事”，“他日于二十世纪，我中国人必为世界上最有势力之人种，有可豫断言者”。

对中国如此自信且自豪的梁启超，如何会“不知有国”呢？

查《清议报》，可知是有学者搞错了。《论支那人国家思想之弱点》一文的作者并非梁启超，而是“冯自强”。此“冯自强”者，冯自由在《革命逸史》一书中讲得很清楚，也是当年十分活跃的写手之一。只是，他是一名年轻的留日学生，真名叫冯斯栾。

把冯自强的这篇文章和梁启超此前发在《清议报》上的文章稍加比较，即可了解，冯文基本上只是在梁文已经讲过的一些观点上再做发挥罢了。但是，冯文发表时，八国联军已经侵占了北京，由于耳闻目睹的一切，作者对中国未来的看法显然不像先前梁启超那样乐观了。

冯自强看到了些什么，导致他变得沮丧起来了呢？

多年前，美英等国披露了大批八国联军入侵北京、天津的历史照片。如今，人们可以很容易地在网上看到这些照片。大量照片及历史档案都显示，在1900年八国联军入侵行动中，参与攻占天津和北京作战行动的不仅仅是外国人，还有不少经过相当训练的中国士兵，英军的主战部队就是数百名中国士兵组成的所谓“华勇营”。更引人注目的，则是天津、北京的众多平民百姓，或成群地求助于联军保护，或大批帮助联军运送物资，或兴致勃勃地围观八国联军攻城，或热心帮助联军翻墙进入皇城，或充当刀斧手，替联军砍杀捕捉到的义和团分子，或送挽联痛悼死去的外人，送锦旗称颂联军功德无量……

很显然，这正是冯自强感叹国人多半“不知有国”的原因所在。他不无痛苦地写道：“箪食壶浆以迎王师一语，几为吾支那人之习惯。……夫国与国相争，无论是非，凡是国民者只有协力一致，未闻反有迎外人者。”然而“今回之变，闻有跪迎外师者”；“有争书顺民之旗者”；“闻某地有二千华人欲同编入异国之籍”者；“有异国夺吾土地，而反有电贺之者”。作者愤然称：爱尔兰人与英格兰人族属稍异，即“屡不甘服英人管治之下，誓不得自治不已”。何以我国人“气沮骨脆”，外人强势以临，吾人即“甘于下心低首婢膝奴颜以服之”？！“果如是，此国此种能立于世界一日乎？”

熟悉这段历史者多半了解，自1840年以来，每逢中外冲突和战争时，类似的场景总在上演。除非外人的行为直接伤害到了族群利益，会引发诸如“三元里抗英”那类局部的反抗外，普通民众对外人与官府所代表的“国家”之间的冲突，常常会抱着一种旁观态度。还在第二次鸦片战争时，英国军队中就有了由中国士兵组成的成编制的队伍。太平天国的起义军也曾要求与英军联手进攻广州。更让今人难以接受的情况是，列强军队在中国征用的大批劳工，常常乘着战乱对自己的同胞大肆抢劫，大批商人亦乘机哄抬物价，大发国难财。

对于这种情况，有时连外国人也会感到纳闷。1899年梁启超之所以会专文谈论“爱国”问题，一个重要原因也正是想要回答中国人为何会“不知爱国”。他的解释是：“我支那人，非无爱国之性质也，其不知爱国者，由不自知其为国也。”这是因为，历史上之“中国自古一统，环列皆小蛮夷，无有文物，无有政体，不成其为国，吾民亦不以平等之国视之。故吾国数千年来，常处于独立之势，吾民之称禹域也，谓之为天下，而不谓之为国。既无国矣，何爱之可云”？

为什么过去不知有国，如今却知道国家之重要了呢？当时所有知识人都清楚国人过去对中国与世界的看法发生了偏差。那么，这偏差产生的原因何在呢？

对此，梁启超有过解释。他说：“诗曰：兄弟阋于墙，外御其侮。苟无外侮，则虽兄弟之爱，亦几几忘之矣。故对于他家，然后知爱吾家；对于他族，然后知爱吾族……对于他国，然后知爱吾国。”

冯自强在这方面的看法多少不同于梁启超。他做了更深入的解读。他指出，造成这种情况的根本原因是人类生产力发生了大变化。由于物理学大进步，“蒸气、电气发明，藉轮船、火车、电线之力，使地球之距离缩小。昔日所梦不及之地，引之如在门户；昔日之老死不相往来之国，致之若在比邻”。如今西方已大进步，中国却极落后，以致“强国大邦纷罗左右，侵入之力日深，竞争之局日烈，皮色、风俗、言语、习惯、文字，种种与己昔日所习见者迥异”。两相对抗的结果，中国屡被列强所破，辽东、台湾继失，胶州、威海、旅大、九龙，连连见夺；今日更遭多国之师直逼都下，迫为城下之盟。这种情况下，国人中稍有知识者，自然不可能“不知有国”了。

证之以1904年陈独秀《说国家》一文，此说确有事实依据。陈文即称：“我十年以前，在家里读书的时候……那知道国家是什么东西，和我有什么关系呢？到了甲午年，才听见人说有个什么日本国，把我们中国打败了。到了庚子年，又有什么英国、俄国、法国、德国、意国、美国、奥国、日本八国的联合军，把中国打败了。此时我才晓得，世界上的人，原来是分做一国一国的，此疆彼界，各不相下。我们中国，也是世界万国中之一国，我也是中国之一人。一国的盛衰荣辱，全国的人都是一样消受，我一个人如何能逃脱得出呢。”

问题是，在中国，有知识、明时势、能了解此中利害者能有几何？梁启超已经注意到，沿海各口岸因与外界接触早，“过去不自知其为国，今见败于他国，乃始自知其为国也”。尤其是大批迁于海外者，因远游他国，则爱国心尤盛。但中国多数地区交通不便，内地同胞多半一生“不出乡井，目未睹凌虐之状，耳未闻失权之事，故习焉安焉”，依然生活在过去时代，自然“视国事为不切身之务云尔”。而冯自强的文章却更清楚地告诉我们，沿海口岸的多数百姓其实还是一样“视国事为不切身之务”，不仅“不知有国”，而且全不在意华夷之别，遇事只以自身利害为念。

坦率地说，上述介绍和讨论不过是想引申出纵、横两条观察历史的线索。由纵的时间轴，我们理当可以看出，人类历史，包括中国历史，在民族国家意识及其制度发展上，存在着一种渐进性；愈到近代，由于生产力大发展，人们与民族国家的关系愈显密切，民族国家对个人的影响作用也愈强。由横的社会轴，我们亦不难发现，社会不同阶层与民族国家利害之间的关系呈现出一种辐射状，愈靠上层愈易感觉到此种关系之重要，愈靠下层却愈不易感受到此间关系，因而愈易麻木并隔膜。

影响这两种关系由弱而强的一个最主要因素，是生产力，特别是科技发展和交通发达的程度。西方国家之所以首先进入现代文明，一个基本原因即在于从海上到陆路的交通能力的改善，彻底改变了农耕条件下人群与人群之间“老死不相往来”的状况，使得世界迅速变小，最终促成了社会生活城市化和人民归属国家化。简而言之，生产力亦即科技发展普及领先的地方，个人与国家关系必强，反之必弱。那些身处近代交通讯息传播网络范围内的知识人，感受各方面冲击最切，其对民族国家问题往往也最敏感。

当然，我们这里不能不提到那个老生常谈的问题，即前述梁启超当年再三强调的“言爱国必自兴民权始”。因为“国乃积民而成”，非使国家为国民之公产，“一切与民共之”，断不能使国民真爱其国也。

无奈，20 世纪初的中国还只是一个农业国。在农业社会条件下，除了历史上的部落制及城邦制外，国家多半只是代表着权力正统的君主、代表着政治正统的官僚和代表着文化正统的社会精英阶层的寄身之所。理当“精忠报国”者，君、臣、士而已。占人口百分之八九十的农民只有纳粮服役的份儿，“不在其位，不谋其政”，自然不会在意朝代更迭和谁当皇帝。就像管子所云：“民，利之则来，害之则去。民之从利也，如水之走下，于四方无择也。”谁给农民利益，农民就烧谁的香。

可悲的是，庚子之变过去了几十年，中国经济、政治的进步均十分有限。经历了两三度民族主义和民族革命运动的洗礼，当日本大举入侵时，国人中“不知有国”，或“不知爱国”，愿意充当伪官、伪军，甘于顺从、合作或发国难财者，依然比比皆是。多数沦陷区的工人、农民和普通市民，就像姜文拍的那部《鬼子来了》里的山区村民，只要不伤害到自己，大家出工交粮，照样过日子。

反过来，如果压榨太甚，哪怕是自己国的政府、自己国的军队，战争期间民众也一样反抗。抗战最后几年在大后方就接连发生了几次规模较大的民变，最引人注目的是已经到了抗战胜利的前一年，日军发动“一号作战”，豫西部分地区不仅有部分民众乘机围攻溃退的中央军，甚至还有人公开出街持旗欢迎日军。

回过头来看中国 19 世纪末到 20 世纪前半期这近百年的历史，一个严重制约着国人民族国家意识的因素，就是农村人口的庞大与农耕文化影响之根深蒂固。清朝中央帝国轰然崩塌后，首先膨胀起来的就是基于族群意识而生的省籍与派系情结。即使是发展中的城市里，也是同乡会馆林立，全国性政党内部也一样会以地域方言形成派系，且互不相下。民国年间地方势力之强大，导致中央政府每每不得不迁就妥协，国民党虽一度成就统一，却难免最终瓦解，这也是重要原因之一。

在建立统一国家意识的问题上，中共夺权后做了很多——

上至改革汉字、力推普通话，下至把喇叭安到村子里去，定期组织不识字的农民念报学习搞运动之类。不过，直到“文革”，在我所在的国家计委五七干校附近一个小村子里，有位大娘告诉我们，她和许多人还是一辈子都没有去过县城，不知道外面是啥样。当然，这个国家对她的改造还是一目了然的，因为走进她家厅堂就会看到，左手边灶台正上方熏得黑黑的土坯墙上就贴着一张已经发黄且满是油渍的领袖像，传统的灶王爷早就不见了。

种族平等？

从已有的人类学研究或历史研究成果中可以看出，人类不同群体最初互相“发现”的时候，往往会以自己的外貌去观察评判他者。最直观的，就是皮肤颜色、体格长相与自己族人像不像。长相相近，就较容易产生认同感。差异太大，一方难免会将对方视为异类，甚至是怪物。

当然，一个社会及其文化观念的开放程度对此也有影响。如中世纪欧洲地中海沿岸国家与中东及非洲地区，乃至印度洋沿岸民族通商交往较多，因此，他们即使首次看到东亚人，也不会太过惊奇。如 12、13 世纪意大利商人马可·波罗和修士鄂多立克（Friar Odoric）是目前已知最早接触到中国人及日本人的欧洲人，在他们眼里，中国人或日本人长得和欧洲人没太大差别，皮肤都是“白色”的，因此是“很好看”的。直到 16

世纪，我们仍然可以看到欧洲沿海国家的官员或传教士这样描述中国人：他们穿着得宜，“男子白皙，外型健康良好；他们的妇女非常美丽，不过男女的眼睛都很小，男性的胡须只有三四根毛”。

中国的情况也差不多。自汉至唐，丝绸之路引来大批欧洲、中东、南亚的商人及各色宗教人士。发展到盛唐，因唐朝皇帝奉行华夏、夷狄“爱之如一”的政策，故长安城内很长时间佛教、景教、祆教、摩尼教各色寺庙林立，胡乐、胡舞及波罗球等文化娱乐方式广为流行，连统兵守边的武将，甚至王朝宰相，也使用了大批番人。迄今我们仍可通过各地出土的陶俑、神像、壁画、石碑等物，看出当年不少欧洲、中东、南亚及非洲人生活于东亚大陆的明显痕迹。虽然来自印度大陆的佛祖像，会渐从半裸半黑、双眼皮的南亚人形象，变成身穿袈裟、单眼皮的体态丰腴的蒙古人种形象，但多数民间陶俑的造型还是相当逼真，欧洲人高鼻、波发、面白、碧眼黄须，非洲人肌黑、发卷、额突、唇厚、鼻翼宽阔，惟妙惟肖，并无丑化或美化之意。

诚如民初柳诒徵所说：此种中西文化交融的情况，自唐中晚期至北宋前期已开始“别成一种社会”。韩愈在《原道》中已在大声呼吁要明“华夷之辨”了，到石介撰《中国论》时，则直书“东夷”、“南蛮”、“北狄”、“西戎”为茹毛饮血的野蛮人。随着宋明理学兴起，唯华夏道学、礼教是尊的正统观念当道，国人再来看异族异种，自然就渐渐开始用上排斥的眼光了。南方客家人中还因此流行起这样一种传说：远古时期太上老君用黏土造人，最初一个被烧的时间长了，几乎烤焦了，他就把它扔到非洲去了，因此有了许多黑人；第二个烧得仔细，但取出来早了，太白了，又被他扔到欧洲去了，结果就有了许多白人。据说只有第三个烧得很完善，不黑也不白，略带黄色，太上老君很满意，就把它放在身边，这就是黄种人。

1840 年，中英鸦片战争，中国被迫开放通商口岸，允许西方人进入中国。二十年后，英法联军又一举打进北京，逼迫清朝皇帝又是割地，又是赔款。这之后，西学涌入，中学式微，国人自身骄傲的情感明显受到了极大的冲击。尽管西方列强更多的是靠暴力进入中国的，却再没有人会把白种人视同野蛮人了。不仅如此，越是有保种保国之心的人，也就越是发自内心地承认欧西洋人经济发达、政制优越，“文明自由”，为世人楷模，急切地想要学而习之，以一变中国落后挨打之局面。

西学的基础是科学，一旦认同科学的价值，就意味着要否定以经学为基础的中学。放弃宋明以来的僵化八股，当然不会让中国人生活得更痛苦，但问题是，当 19 世纪末 20 世纪初中国人想要学西方的时候却赫然发现，自己竟已经被西方的科学家们用科学分析的方法，打入另册了。

18世纪中后期，瑞典植物学家林奈（Carl Linnaeus）、法国自然科学家布封（George-Louis Leclerc de Buffon），以及德国解剖学家布卢门巴赫（Johann Blumenbach）等人，运用生物学、植物学、动物学、人类学、医学及解剖学，以及历史学、气象学、地理学等种种分析方法，对人类种群进行了多层面的分类学研究。到19世纪前半期，再经塞缪尔·乔治·莫顿（Samuel George Morton）、约赛亚·诺特（Josiah Nott）与乔治·格利登（George Gliddon）、乔治·居维叶（Georges Cuvier），特别是亚瑟·古比诺（Arthur de Gobineau）等人的人种学研究，中国人已经被认定为是人类现有四（五）大人种，即高加索人种（白种人）、蒙古人种（黄种人）、尼格罗人种（黑种人）和大洋洲人种（棕红种人）中的黄种人。黄种人基本上被认定为只是比黑或棕种“未开化”人种略好，但肯定劣于白种人的“半开化”人种。

伴随着人种学迅速发展起来的种族主义歧视，很快就在西方白人世界开始发酵。最早开始引发排华浪潮的，正是欧洲新殖民的聚居地，即北美和澳洲。从19世纪上半期开始，对华人移民的恐惧就日渐笼罩在美、澳上空了。1882年，美国国会通过了美国史上第一个限制外来移民的法案，即《关于执行有关华人条约诸规定的法律》（An Act to Execute Certain Treaty Stipulations Relating to Chinese，简称“排华法案”）。

围绕着该法案产生而展开的辩论过程清楚地显示，正是因为达尔文的进化论从生物学领域侵入到社会学领域，催生出弱肉强食的社会达尔文主义，导致越来越多的美国人产生恐慌。他们害怕“脑容量太小”、与西方现代文明生活格格不入的肮脏华人，会依仗其人口众多，生育力强，最终像蝗虫一样蚕食掉北美白人好不容易开发出来的生存空间。

这一波排华浪潮兴起不过十二三年后，原本与中国人发展程度不相上下的黄种日本人，突然间异军突起，一跃而成为东亚强国，不仅击败中国，夺得朝鲜半岛，而且逼迫中国割让了台湾与辽东半岛。德皇威廉二世由此想到蒙古铁骑蹂躏欧亚大陆的历史惨祸，马上开始忧心忡忡向俄皇等欧洲国家领袖鼓吹联合抵御“黄祸”的必要。

紧接着，1900 年，中国又爆发了大规模烧毁教堂，杀害教民，甚至杀害外国传教士和外国驻华使节的庚子之变。不数年后，日本又在东亚一举打败了沙皇俄国，夺取了沙俄刚取得不久的太平洋出海口，以及对中国南满地区的控制权。所有这些，都进一步印证了“黄祸”的可怕，因而也不可避免地把那些想要学西方和亲近西方的中国知识精英，逼进民族主义甚至是种族主义的墙角里去了。

近代中国的改良派、革命派，抑或无政府主义者、社会主义者，最初都是以西方现代价值观为标杆，批评礼教和反对国粹主义的。但是，在中学与西学为体为用的问题上，大多数人内心深处却都或多或少地有些摇摆不定。至少，很少人不认同这样一种观点，即中国人文明教化四千多年，与西方白种人的文明程度其实相去不远。只不过，革命党人把中国当下所遭遇的种种屈辱，归因于落后满人的蛮族入侵和统治；改良派则相信，中西差距拉大的关键，主要还在制度革新和人心改造的欠缺。当谈到人类社会未来前途时，他们的看法却出奇地一致。康有为不仅不否认自己的黄种人身份，而且认为与南亚、非洲、拉美及太平洋诸岛那些未开化的，“铁面银牙，斜颔若猪，直视如牛，满胸长毛，手足深黑，蠢若羊豕，望之生畏”的棕、黑色人种相比，中国人就“应该和欧美各国并驾齐驱”。因此，他们大都主张“大中华主义”，热衷于宣传鼓吹“中国之将强”的种种道理。用梁启超的话来说，人类历史固然是人种竞争淘汰的历史，但白种人人数有限，“骄而不劳苦”，再加上其“开明之度既日进，分利之人愈多，而生产之人愈少”。当今世界上尚未开发之地，如南美与非洲，费力最苦，得利最少。“中国人数众多，耐劳苦而工价廉”，自治、学习、经商能力之强，世上无人能比。故这些地区“他日必为黄种人殖民地之区域，无可疑也”。“中国人于来世纪必为世界上最有势力之人种，此非吾夸诞之言也。”

不过，也并不是所有人面对“黄祸论”都会像康有为、梁启超这样放言不拘、自信满满。最狂如日本人，也还会有许多人不甘心做“半开化”的黄种人。在这方面最有名的莫过于田口卯吉等人的主张。他们否认日本与中国“同文同种”，否认日本人是黄种人。在当时日本的教科书中，只有白种人是最优秀的人种：“骨相最正，容貌极美，为诸人种中改良最佳、最富才干者，宜率先臻于文明之极致。”因此，虽然地位与福泽谕吉、涩泽荣一等同为明治时期重要思想家，田口卯吉却会突出从皮肤颜色和细腻来强调日本人种“是一种优等人种”的理由。他写道：“我社会上有势力的种族不仅血统纯洁，并且和其文明一样日进于精美。其最明显处是皮肤白且光滑……胜于雅利安人种。”受其影响，小谷部全一郎及木村鹰太郎更进一步得出结论称，日本基础民族应该是“希伯来神族的正系”和“亚伯拉罕子孙迦德的后裔”。

20 世纪初，尽管中国自古崇奉黄色，并不反感“黄种”一词，但不少中国学者，如刘师培、蒋智由、丁谦、章鸿钊、郭沫若等，还是多少存在田口卯吉等人那样的心理。1894 年，时任英国伦敦大学教授的拉克佩里（Terrien de Lacouperie）出版了一本叫《中国上古文明西源论》（*Western Origin of the Early Chinese Civilisation*）的书，其观点极大地鼓舞了他们。于是不少人结合中国的考古发现和历史记述，撰文著书来论证中国人种与文明起源于古巴比伦。意在强调汉人属于外来征服者，符合先进民族迁徙并征服落后民族的进化规律。就连大力推崇国学的章太炎，也曾力撰《序种姓篇》，详细论证“中国种姓之出加尔特亚”（即前巴比伦）之史实与原因。

多数激进的青年学生面对此种形势就全然不管什么科学或学理上的问题了。他们对“黄祸论”的批驳方法多种多样，有人撰文声辩：“华人心气和易，殊无所贪，且中国富于矿产，宜于农牧，谋生之道，无待外求”；有人强调这是德、俄等制造恐慌，实为“煽惑列邦”，企图“于中取利”，“必使亚洲黄人不得复见天日而后快”。有人则以匈奴人、蒙古人为傲，历数黄种人当年破罗马、并俄国、败德匈，“雄视欧亚”之历史。也有人公开声称：“中国者，文明之鼻祖”，今若不愿再受人轻侮，自当扩张势力，发挥精神，“出与列强相角逐”。还有人干脆以“黄”字自名，以黄种为傲。

最有意思的是，接连有号为“碧荷馆主人”和“高阳氏”者，推出《新纪元》和《电世界》等小说，以预言的形式，描绘了黄种人为反抗白种人之压迫，不得不诉诸世界大战的情况。其结果，不是中国人再度成为世界各国的朝贡对象，就是“不上五年，把全欧洲强大的国，统统灭了”。

当然，不论从哪种角度去争论或幻想，20 世纪初国人对人类及其种族问题的看法，终究还是得承认并回到科学研究的层面上来。清末民初国人对人种问题的基本科学认识，多反映在当时的教科书中。以 1915 年上海发行的某教科书中的说法为例，即可看出国人心理与科学相结合的特点。

它写道，人种进化经历了从部落到国家的漫长过程。考察世界五大人种的历史，可知“黄白二种，早已由部落而成国家，红黑棕三色人民，则未脱野蛮旧习，散为部落，甚且并部落而未成者。呜呼！优必胜劣必败，红黑棕三种，民质陋劣，已渐归淘汰矣”。黄种开化最早，今却不如白种，这不是因为白种人真是什么天之骄子，而是因为黄种人尚不知发愤图强。在作者看来，国人如能像日本人那样，“不待疆场相见，胜负之数可预决矣”。

此“启蒙”非彼启蒙

在中国，提到“启蒙”两个字，很容易让人联想到17、18世纪欧洲思想启蒙运动，以及五四前后那场人称“中国思想启蒙运动”的新文化运动。

何谓“启蒙”，比较中西概念，其实是有些差异的。用秦晖的话来说，中文“启蒙”通常带有“教导无知小孩”之义，西文“启蒙”强调的却是“照亮（中世纪的）黑暗”。两相比较，欧洲启蒙时代思想家着眼的是批判专制制度，而不是教导愚昧的民众，他们甚至具有鲜明的人民主权观点，反对马基雅维利（Niccolò Machiavelli，1469—1527）、霍布斯（Thomas Hobbes，1588—1679）等人“蔑视民众”的心态；中国近现代思想家则相反，从梁启超的“新民说”，到孙中山的“先知先觉”说，到鲁迅的“国民性批判”等等，都充满了“‘改造人民’的导师心态”。

邓晓芒也撰文讨论过这一话题，他特别批评过对这一区别不那么敏感的中国学者，说：“把启蒙看成教育而把中世纪的黑暗理解为愚昧……这正是把对启蒙的理解引向歧途的原因之一。”他同样认为最标准的“启蒙”理当是欧洲式的，即是反对一切语言霸权，绝不以自己的所谓“正确思想”来取代任何所谓的“错误思想”。欧洲式的“启蒙”，就是“要求一种让所有的思想都可以自由发表的宽松气氛，是（主张）一种自由和思想宽容的精神”。

姑且不论把“启蒙”归结为反对任何形式的“语言霸权”的说法用到法国启蒙思想家伏尔泰、孟德斯鸠、狄德罗、卢梭等人身上是否准确，至少，就像秦晖注意到的那样，近代中国的思想家们大都既不是这样想，也不是这样做的。在新文化运动中就更是如此了。鲁迅和吴虞对传统礼教的尖锐批判，胡适和陈独秀发动的文学革命，《新青年》对《东方杂志》展开的反对东西方文化调和论的“意气攻讦”等，都表现出极强的话语强势。

不过，只看到这一点说明不了任何问题。对于历史学者来说，更重要也更复杂的问题在于：17、18世纪的欧洲思想启蒙运动是怎么来的，它又为什么会对后世产生那么大的影响，其社会、经济、科学、文化等基础原因是什么？而1915—1919

年中国的新文化运动又是怎么来的，它又为什么骤起骤落，未见中国人自己的启蒙论著诞出便戛然而止，造成这一结果不同于欧洲17、18世纪启蒙运动的社会、经济、科学、文化等基础的原因是什么？

记得任剑涛曾发表过一篇论文，从救国或建国需要的视角，考察分析了马基雅维利、霍布斯和洛克（John Locke，1632—1704）在现代国家形成的不同阶段何以会提出不同的主张。他的考察显示，三人所面临的建国的实际处境在很大程度上决定了他们不同的建国及治国理路。

马基雅维利面临的是如何使四分五裂的意大利统一起来，以走出分裂割据、被动挨打的不利处境，因此他主张“不计一切地请出玩弄权谋技巧的君主，以期实现国家建构的基本目标”。

霍布斯面对的是英国王党风雨飘摇，革命正严重威胁国家稳定的现实，他需要处理的是强势君主与臣民的关系问题，一套“以契约论奠基、以国家的赏罚教支撑的强大国家建构方略”显然有助于缓和并稳固双方关系。

到洛克时期，国家已经建成并稳固下来，如何长治久安并使公民心悦诚服地认同和支持这个国家，成为他政治考量的核心之点。正是在此背景下，他提供了基于主权在民观念的代议制的制度设计，日后产生了重大影响。

此文符合历史研究的思路，即人类历史上任何一种思想主张的形成都是有条件的，并且与现实的社会—政治需求总是息息相关。换言之，人类社会的发展及其思想观念的变化，从来都只能是一点一滴地进化、演进，因而或多或少是可以看出其不同的阶段性的。16、17 世纪的马基雅维利、霍布斯、格劳秀斯（Hugo Grotius，1583—1645）等人，之所以不能像 17、18 世纪的洛克和卢梭那样形成人民主权的观点，不是因为他们本质上蔑视民众，而是因为他们早出生了一两个世纪，既没有受到英国“光荣革命”的刺激，也没有感受到美国独立战争的冲击。他们在各自生活的国度中所面对的社会—政治条件及其需求，与洛克、卢梭所面对的社会—政治条件及其需求，还大不相同。

由此出发来看欧洲启蒙运动与中国新文化运动的差别，我们需要深入思考的可能更应该是：中国新文化运动与欧洲启蒙运动的差距与不同，是否简单地用一句“救亡压倒启蒙”就能解释了呢？我们难道不应该对两者所依据或所由产生的社会、经济、科学、文化等基础条件的差距与不同去做研究吗？

一个再直观不过的区别是，欧洲 17、18 世纪思想启蒙运动是与欧洲工业革命及其民族国家形成过程基本同步的。而且，这一运动的发生，更是建立在被 13 世纪末以来接连发生的文艺复兴运动、宗教改革运动和科学革命大大改造过的社会、经济、科学和文化的基础之上的。而 1910 年代的中国，作为欧洲启蒙运动重要基础条件的这些革命或运动一多半都还没有出现过，更不必说工业革命了。两者间唯一接近的，只是民族国家形成这一点。在这种情况下，说只持续了三四年时间的新文化运动，仅仅因为发起者提倡过西方“人权”与“科学”的观点，就将两者画上等号，不是有些奇怪吗？

对于五四新文化运动的意义，胡适从一开始就看得比较清楚。他一生中每谈及此一运动，总是“比较喜欢用‘中国文艺复兴’这一名词”，不是偶然的。他对这场运动主要目的和意义的解读，始终着眼于“研究问题”、“输入学理”、“整理国故”，及在此基础上“再造文明”的意图。故他在运动中从来都坚持“不谈政治”，主张“我们应致力于（研究）我们所认为最基本的有关中国知识、文化和教育方面的问题”，“为新中国打下一个非政治的基础”。可以说，当年的胡适，包括他的不少同道，内心里其实很清楚，以当时中国的社会条件和发展程度，首先要做的恐怕还是一点一滴的、最基础的新思想、新观念的介绍、普及和实践的工作，还够不上欧洲式的思想启蒙。

能够明了这一点，我们就理当不必为这场运动的骤生骤灭而抱憾，更不必对从梁启超到孙中山到鲁迅始终没能像洛克和卢梭那样思考问题而困扰。事实上，就像马基雅维利、霍布斯等人当年会“蔑视民众”一样，从梁启超、孙中山到鲁迅所以会持有“导师心态”，恐怕主要也是那个时代社会、经济、文化、科学等基础条件促成的。试想，在 90% 以上的国人不识字，只有极少数读书人才读得懂书面文字的情况下，不先培养众多具有“导师”资格的知识人，并展开中国式的最基础的“启蒙”，又如何能迈上欧洲式思想启蒙的台阶呢？

回溯一下新文化运动兴起前的历史当不难发现，这种带有“教导无知小孩”形式的中国式“启蒙”工作，半个多世纪以来许多人都在做。除了众所周知的严复、梁启超等一辈人之外，甚至包括更早就在进行类似尝试的晚清大批来华传教的“洋鬼子”。当然，效果如何又另当别论。问题是，就像胡适当年说过的：“文明不是笼统造成的，是一点一滴地造成的；进化不是一个晚上笼统进化的，是一点一滴地进化的。”因此，不管什么人，有助于国人观念向现代文明接近的每一点努力，都是值得肯定和记取的。何况，在几乎整个 19 世纪那样一种闭关锁国，连学洋文都可能被视为里通外国的氛围中，除了少数来华洋人，又有谁能够向国人传播西学新知，并催生洋务派、维新派等中国晚清“新人”的崛起呢？

不算早先被朝廷圈在京城、摆弄一些西方的“奇技淫巧”哄着皇帝高兴的少数耶稣会士，“洋鬼子”在中国传播西学新知应该说是从 19 世纪初开始的。由于当时官方依旧禁止基督教传教士去中国各地宣传福音，他们就通过办报出书来向中国社会各阶层中人传播基督教义和西方现代知识文化。他们办的第一份报刊名为《察世俗每月统记传》，之后陆续创办了《东西洋考每月统记传》《遐迩贯珍》《六合丛谈》《中国丛报》《中西教会报》《中西见闻录》《特选撮要每月纪传》《天下新闻》《小孩月报》等许多报刊。1843 年英国伦敦会传教士又创立了墨海书馆，1887 年各教派差会更联合创办了广学会，用来编译出版书籍。至辛亥革命发生时，两家已出书数百种，印数超过百万册。其中《泰西新史揽要》《列国变通兴盛记》《七国新学备要》《中东战纪本末》《万国公法》《自西徂东》《治国要务》《格物探源》《格致新机》《教育改革》《农学新法》等，发行量及影响都很大。

传教士出书办报当然意在传播福音、阐发基督教义，但是，经历过欧美几百年来文艺复兴、宗教改革、科学革命、工业革命、启蒙运动以及民族国家形成等种种新事物、新思潮的冲击影响，这些人在观念上早已趋于现代。因此，他们所传播的西方知识文化，对刚刚有机会接触到外部世界，自身尚处在农业社会条件下的绝大多数国人，无不具有新知新学的启迪意义。

传教士们出于传教和出书办报的需要，首先要做的一件事，就是介绍并鼓吹西方的人权自由思想。因为，无论从宗教信仰自由，还是从出版言论自由的角度，他们都必须要让中国官民了解“天赋人权”与平等自由是一种普世原则。因此，他们特别注意宣传：“上帝赋予人类有思想和言论的自由，有写作和印刷出版的自由，这是为了使他所创造的人类得到快乐。因此，没有一条人立的法律可以取消这个天赋的人权。”也正是基于这一理念，早在鸦片战争前后，他们就已经通过书报，向中国读者介绍了许多关于美英民主政体、司法制度、议会选举、地方自治，特别是人权自由方面的知识和情况。

为了吸引大量普通华人读者，扩大影响，传教士所办报刊也特别注重“灌输知识”。因为，他们站在现代西方知识文化的优越地位，视多数华人为愚昧落后。用他们的话来说，过去在欧美，也“正是科学而不是宗教，打破了我们自己民族中的偏见愚昧势力”的，故传播西方现代科学知识，当可以产生“润泽汉人，使之茅塞顿开”的巨大效力。因此，他们公开宣传：“国之强盛由于民，民之强盛由于心，心之强盛由于格物穷理。”进而通过书报，大量向国人介绍新近发展起来的电报、照相、化学、医学、蒸汽机、瓦斯工业、钢铁工业，以及天文学、地理学、人类学方面的知识。

鉴于1858年清廷签署《天津条约》，被迫开放了基督教传教士到中国内地传教的自由，大批传教士开始深入到中国各地社会基层大众中传教。这种情况极大地加快了他们知识传播普及化与大众化的需求与速度，也意外地推动了对中国传统文化形式的一大改造。

为便利文化程度不高的广大底层中国读者更容易读懂报刊上的文字，他们打破了中文文章不断句的传统模式，开始用西文的顿号和句号断句。为了解决传教过程中迁就各地方言所造成的基督教文本中文译文不统一，以及此前翻译的文言圣经讲读中还需要白话翻译的困扰，在经过各地白话传教的种种尝试之后，1890 年上海传教士大会决定统一翻译使用以北京官话为基础的白话圣经译本。这些做法在很大程度上推动了近代中国白话文运动、国语运动以及新文学运动的兴起。而欧式思维方式表述特色，也进一步改变了中国古汉语句子简短直白的特色，催生了复杂的表述形式，从而基本奠定了汉语欧化的基础。

随着欧美传教士越来越深入中国社会中，不少传教士还直接间接地参与到中国种种变革及发展的活动中来。1868 年创刊的《万国公报》(原名《中国教会新报》)，就有意识地加大了对晚清社会政治问题的关注程度。

特别值得注意的是，甲午战争前后，《万国公报》因积极追踪报道中日关系状况，大量刊发长篇时事评论文章，一举成为中国最具影响力的报刊。它一方面传播民族自立、主权完整的西方观念，充分肯定中国的自强运动，一方面连篇累牍地批评中国政治的腐败，反复申说学习日本变法维新之必要。该刊因此影响日广，一度发行到近四万份之多，成了不少士人、官员的案头必备之书，就连中日两国皇帝也都成了它的热心读者。这种情况极大地影响到维新派此后创办的包括《中外公报》《时务报》《强学报》《国闻报》在内的大量报刊。这些报刊不仅大都模仿《万国公报》的办报特色，而且经常转载、摘登《万国公报》的文章。

出于对国人接受新事物、新观念极其困难的强烈感受，许多传教士对中国传统教育制度及其方法尤为反感。在《万国公报》上讨论和建议最多的一个话题，也是中国的教育问题。其社评、专论和文章几乎一致认为：中国当今所缺者，最主要是人才。而中国之所以缺乏人才，首先就在于教育落伍，“所学非所行，所学非所用”，其根本原因就在于“学而优则仕”的教育引导。他们明确主张，中国必须彻底废除科举、八股与读经，要广开学堂，普及教育，依照西方国家的办法，实行小学、中学、大学及社会教育体制。为此不仅要大量增设“天文之学、舆地之学、历算之学、格致制造之学、水陆兵法之学、枪炮舟船测量之学、筑垒建路之学、开矿治河之学、中西交涉之学、刑名钱粮之学”等实用学科的教学内容，还必须尊重女权，要做到“男女皆读书”，“女学与男学并重”。因为，“女学之优劣为万国教化优劣之标准”。

其他西方现代知识，包括技能层面的“启蒙”，传教士们也做了很多，比如体育、音乐、绘画、数理化、医疗、人体生理知识等，也都是这些来华洋人传播并引入到中国来的。当然，真正能够受此“启蒙”而略染现代观念者，相对于中国四亿人口，在那个时代还只是极少数人中的极少数罢了。说这种“启蒙”工作只做了几十年，工业化、城市化、科学化等等都还没有起步，中国就可以搞西式启蒙了，怕还是有点早吧。

恢复中华？

读中国近代史，都知道孙中山早年革命，从兴中会到同盟会，一直把“驱除鞑虏，恢复中华”作为革命纲领的首要内容。但许多年来，研究近代史的，包括研究孙中山革命史的，无论中外，很少人对这八个字深入推敲过。极个别讨论到这八个字的文章，也必定不谈“恢复中华”几个字。

谁都知道，这里讲的“鞑虏”，主要指的是当年居于统治地位的满人。照今人用词的习惯，对于当时的满人统治，用“推翻”、“打倒”最好，用“驱除”就有点费解：都是中国人，革命党能把满人“驱除”到哪儿去呢？

同样的道理，推倒满人的统治，包括废除帝制，把中国另建成一个像美国那样的“合众国”，抑或像后来那样的中华“民国”，就可以了，另外提出一个什么“恢复中华”的目标，也多少有点让人觉得多余。“中华”不就是中国吗？推翻了满人统治，接过来另建新政权就好了，再加一句“恢复”，岂不是画蛇添足？

读辛亥革命到中华民国成立的历史，不少读者也会对武昌起义时的十八星旗，到中华民国临时政府成立变成五色旗的情况，有些印象。但估计也很少人会追问：为什么革命党要用十八星旗，为什么不直接用五色旗？五色旗表示什么意思，相信多数读者都清楚，它象征着汉、满、蒙、藏、回“五族共和”。问题是，十八星旗代表的是什么意思？

查一下相关书籍即可了解，十八星指的是清朝统治时期的“内地十八省”，又称“汉地十八省”，也就是明朝基本版图所在的“两京十三省”。之所以会被称作“汉地”，是因为起家于黑龙江流域的满族统治者，入关前已经通过杀戮和笼络的双重手法，将关外汉人掳为满族王公贵族的包衣（即奴仆），基本“满化”。其入主中原后，又进一步把山海关外划为满人基业的龙兴之地，关内汉人只能住在汉人聚居的“两京十三省”范围内，不得再踏入关外一步。

为防范关内汉人，他们还长期实行了严格的族群隔离政策。关内汉人聚居的“两京十三省”（逐步改为十八省）维持明制不变，从职业、身份、给饷，到住地与婚姻，都严格将满人与汉人相隔离。同时，清廷却对周边蒙古、西藏、回疆区别对待，因俗而治，不搞所谓“留发不留头”，即剃发易服的强制性满化政策。

显然，当初清军入关，不仅推翻了汉人政权，而且对汉人大肆杀戮，圈地夺田，以统治者身份居高临下，防范歧视，这自然也就埋下了汉人的某种反抗心理。19世纪末西方民族主义思想传入之前，在南方汉人中最具号召性的革命口号“反清复明”，就是以恢复汉人统治和明朝版图为目的。19世纪末受到西方现代民族主义思想影响之后，这一口号就逐渐发展成为孙中山兴中会“驱除鞑虏，恢复中华，创立合众政府”的誓词。再进一步接受了社会主义思想的影响后，才又发展成为同盟会“驱除鞑虏，恢复中华，创立民国，平均地权”的十六字纲领了。

由上可知，对于20世纪初中国那些革命党人来说，他们并不怀疑中国古来有之。但他们心目中的中国，却不同于大清皇帝御批中的“中国”，更不同于后来民国政府案头文牍中的“中国”。

还在1900年，章太炎就发表过《正仇满论》一文，对此做过解释。他说：“今日逐满，亦犹田园居宅为他人所割据，而据旧时之契约界碑，以收复吾所故有而已。”彼东三省仍在，满人仍可回到那里去维持自己的帝制。

面对八国联军入侵所引发的各种救国、救亡言论，留日学生创办的《开智录》《国民报》等报刊，也接连发表文章予以批驳。他们愤然表示：“我国人日言为外人奴隶之耻，而不知为满洲奴隶之耻；日言排外种，而不知排满洲之外种。满洲贼之盗我中华也，二百八十年于兹矣。”说：彼白人每每视我为“支那”人，殊不知“彼之所谓支那国者则清国也。夫清国云者，一家之私号，一族之私名也，而以吾汉种冒之乎”！

不难看出，当年革命者的诉求很明白，即他们的革命，不在救国，而在复国和建国。革命，就是“驱除鞑虏”；复国，就是“恢复中华”；建国，就是“创立民国”。质言之，就是把满人送回东三省，在原本属于汉人的关内十八省重建一个汉人的共和国家。

把中国视为汉人国家，把汉地十八省视为中国版图，甚至也曾经是梁启超等改良派知识精英的观点。梁这时也曾几度撰文提出：中国的历史范围虽可分为五部，但“中国本部”仅为汉地十八省是确定的。他并基于当今世界之通义，即所谓“国也者，人民之公产也”，“民族之各自尊其国”，断言“吾中国者，前此尚未出现于世界”，非从头建立不可。

具体到革命党之领袖孙中山，在这方面就讲得更多，也更直白了。他指出：民族是从种性发展出来的，“我们汉人，就是小孩子见着满人也是认得，总不会把来当做汉人。这就是民族主义的根本”。“民族主义，并非是遇着不同族的人便要排斥他，是不许那不同族的人来夺我民族的政权。”我们今天的使命，就是要还我中国。因为，“中国者，中国人之中国；中国之政治，中国人任之”。因此，当今非驱除鞑虏，“光复我民族的国家不可”。

既讲中华、中国，又严格区别汉人、满人，视中华、中国为汉人之属，必欲驱除满人于关外，在关内原属明朝版图之地恢复旧邦，再立新国，这正是20世纪初那些年革命党人的一项重要的政治主张。辛亥革命时武昌起义者之所以会揭出十八星旗，也正是这一派革命党人政治主张胜利的彰显。

严格说来，即使站在后来者的角度，要读懂这时革命党人的思想言论，也并不需要太高深的学问修养。然而，事情却远非如此。一旦后来的历史情境改变了，人们的政治诉求、思想观念，乃至于情感立场和价值判断，也会随之改变。后来人再想要准确理解历史中人的思想言论主张，往往也就变得极为困难了。造成这种认识上的巨大鸿沟的一个重要关键，就在于时代不同，历史情境早已两样了。

20世纪初中国当时的历史情境是怎样的呢？第一，当时的中国还处在少数族群满人的统治之下，占人口绝大多数的汉人整体被压迫、受歧视已达二百五六十年。这个时候的满人统治已处于风雨飘摇之中，汉人争取平等、独立地位，包括恢复汉人统治的斗争正处在一个重要的转折关头。第二，当时欧洲民族主义运动正汹涌澎湃，并迅速波及亚洲各国。而这时对中国革命党人冲击影响最大的，又恰恰是“少年意大利”运动发起人马志尼所主张的单一民族国家的观念，即“一个民族，一个国家”的思想。

一方面汉人革命者必欲推翻满人统治，一方面“一个民族，一个国家”的民族独立、民族建国运动已渐成世界潮流，20世纪初中国汉人革命者的“中华”观或“中国”观，会局限在“驱除鞑虏”，恢复汉人国家的观念和范围内，正是那个特定时代、环境与汉人革命党人所能掌握的特定条件相互作用的产物。

也正因为如此，一旦满族皇帝自愿退位，汉人重握权柄，“中国人之中国”已成定局，还要不要驱除满人，还要不要把国界限在十八省范围，就再不是什么大问题了。革命党人多数显然乐得将十八星旗换成五色旗。毕竟，无论保皇党康有为等，还是革命党孙中山等，大家都有一个“大中华”、“大国族”的观念。何况，最早提出民族自决主张的美国，也是一个多民族组成的“合众国”，革命党人原本就不排斥美国那样的建国方式。

但是，用五色旗取代十八星旗，却并不等于“五族共和”就一定能实现。1911年12月外蒙古及西藏当局先后宣布“独立”，就清楚地显示了这样一种危险的存在。一直到1949年中华人民共和国建立前，中国历届中央政府始终都是弱势政府，没有哪个真有力量达成统一中国“本部”和“疆部”的主权诉求。

理想是继承清朝版图与民族构成，现实是“疆部”鞭长莫及，“本部”也四分五裂。如此巨大的反差，不能不逐渐影响到国人的历史叙述与历史理解。尤其是1931年日本入侵中国东北，接连打着民族自决的旗号，制造出伪满洲国和“内蒙古独立运动”之后，一些中国的历史学者率先忍不住了。

1935年，日本人进一步制造出“华北自治运动”，傅斯年等开始公开主张“中华民族是整个的”，提出“在中国的版图里只有一个中华民族”的说法。

1937年抗战爆发后不久，在中国的知识分子中间更一度围绕着这一问题发生了论战。直接交锋的主要有两方，历史学家傅斯年、顾颉刚、白寿彝、张维华等坚决否认中国是由多民族组成的；人类学家和社会学家，如吴文藻、费孝通等，则持相反看法。

这次争论事实上是时任中研院史语所所长兼中研院总干事的傅斯年发起的，因担心研究谈论“民族”、“边疆”等问题易“招分化之实”，他明确主张学者当本“爱国之忠”，今后不用“民族”、“边疆”等概念，而且应尽力从史实上去证明并发挥夷汉一家的观点，为现实政治服务。

同在昆明的顾颉刚对此有“极大的共鸣和同情”。他先后写过两篇与傅意见相同的文字，一篇为《“中国本部”一名亟应废弃》，一篇为《中华民族是一个》。他直言批评“民族自决”之说对中国有害无益，认为只是便利了内外分裂势力。他并且批评“汉地十八省”和所谓“中国本部”的说法都是瞎说，认为这也是“敌人用来分化我们的”。他并且提出：“在中华民族之内我们绝不该再析出什么民族”，“在今以后大家应当留神使用这‘民族’二字”；认为像“汉人”或“五大民族”之类称呼，也都容易被敌人拿来分化中国，故都应舍弃不用。

只要否认中国境内存在不同民族，否认中国古来就有华夷之别及“本部”与“藩部”之分的史实，就能够避免被敌国所乘？熟悉中国历史，且依据人类学原理，从事过大量田野调查的吴文藻等人，断然反对此说。吴的弟子费孝通因此写了一篇批评文章，对顾文提出异议。不料，身份、地位特殊的傅斯年自己十分反感不说，还致函教育部长朱家骅等，主张应该在政治上予吴等以压制。他并且上纲上线称，吴文藻等纯粹是“拾取‘帝国主义在殖民地发达之科学之牙慧’”，表面上“为学问作学问，不管政治”，实际上“专刺激国族分化之意识”。在他的干预下，吴文藻主持的民族学会被停办，在云南大学的人类学讲座也不能讲了，最后不能不离开昆明了事。这怕也是民国年间学界中人拿政治正确来扭曲历史真实的一个很典型的例子罢。

费孝通晚年曾被人问到对这次争论及其遭遇的看法，“他显然也注意到这场争论发生的时机确有政治正确的问题存在。因此，理智上他对傅斯年、顾颉刚爱国的动机能够理解，正因为如此，他当时没有继续与顾等争辩下去。但是，他坚持自己还是不能同意对方的逻辑，比如像“只要不承认有这些‘民族’就可以不致引狼入室的观点”等。

很显然，这种要从现实政治需要出发来认识历史的思维方式，影响是深远的。1950年代中期，史家钱穆在台湾还在著文批评“本部十八省”、“中国本部”之类的概念，明确认为这是敌国有意混淆是非造出来做侵略中国的口实。

为什么当今越来越多的人读不懂历史中人的思想言论，为什么中外任何稍有不同的历史解读都可能会被人上纲上线，或认为“挑衅”，或视为“阴谋”，这也是一个原因吧。

以日为师

晚清年间，大清国虽屡遭列强侵扰欺凌，士大夫阶层抱定“西学中源”、“中体西用”的观念几十年，相信西人不过只是船坚炮利而已。然而，向西人辗转买来坚船利炮，请来技师顾问，1894 年与日本一战，此“蕞尔小国”竟然“以寥寥数舰之舟师，区区数万人之众，一战而翦我最亲之藩属，再战而陪京戒严，三战而夺我最坚之海口，四战而覆我海军”。进而通过《马关条约》强索了两万万两白银赔款，且迫使清廷割让了台湾和澎湖列岛。如果不是俄、德两国出面干涉，就连辽东半岛也都变成日本的殖民地了。

如此怪事，令满朝大臣无不惊骇莫名，百思不解。一些人质疑 :“是必有强国焉随助之耳，不然倭乌能如是! ”“是必我之居津要者与表里为奸，不然倭又乌以至此! ” 在京举子亦莫不悲愤难耐，康有为等曾尝试恳请皇上“下诏鼓天下之气，迁都定天下之本，练兵强天下之势，变法成天下之治”。书称：只要能“合四万万人之心以为心”，不要说“恢复琉球，扫荡日本，大雪国耻”不在话下，且必能“以之西挞俄、英，南收海岛而有余，何至含垢忍耻，割地请款于小夷哉”？

自 1879 年日本强行吞并琉球，至 1894 年甲午之战日本夺占朝鲜，大败大清国，如此种种奇耻大辱并没有激起国人强烈的反日情绪，引发反日风潮，反而最终促成了“一战而人皆醒矣，一战而人皆明矣”的中国启蒙时代的诞生。一时间，一向排拒西学的众多国人，纷纷对西方的思想观念趋之若鹜。西式信息传播手段和以西学为学习研修内容的新学堂、新学会，也因此迅速生长起来。

由于中西文化差距甚大，国人又习惯自我中心，能够阅读翻译西方社会科学著述者极少，故甲午之后要想马上读到西方著作都很难。而这时，即《马关条约》签字当年，前驻日本参赞黄遵宪撰写的《日本国志》一书得以出版。书中详细介绍了日本迅速强盛的原因，指出其明治维新之后，一切政制“皆摹仿泰西，事事求肖”，以致突飞猛进，如今已与西方列强比肩而立。黄明确认为，今日国人要学西方，由日本新政，即“足以观泰西政体”之究竟了。

甲午战争之后来读黄遵宪的《日本国志》，让大多数对大清国遭此奇耻大辱却不明就里的朝臣和士人明白了两国差距之所在。不久前还鼓吹扫荡日本小夷的康有为，也转而以日本为榜样，开始全力推动变法维新。他声称：“泰西以五百年讲求之者，日本以二十余年成之”，光绪皇帝若能决心变法，“采鉴于日本”，定能“后来居上”，比日本走得还快。

在这方面，康有为、梁启超等人的变化十分明显。甲午战前，他们并非不知，日本以“一小岛夷耳”，所以敢“日夜谋我”，并“侵我大国”，在于“能变旧法”。然而，他们当时对日本还多抱戒备之心，鲜有学习仿效之意。甲午战争之后，他们的态度慢慢改变了，开始相信并主张中国必须要向日本学习。其学习态度之彻底，最突出的表现，大概莫过于1898年力主将参与策划吞并琉球和甲午战争的日本前首相伊藤博文请来做皇上的政治顾问一事了。在康看来，伊藤博文是日本明治维新后首任内阁总理大臣，并主持起草了首部日本宪法，深悉明治维新的种种思想与措施，如伊藤博文能亲来参与协助清廷变法维新，对清朝政制变革自能起极大作用。

对于大多数开始关心国事的士人和青年来说，读《日本国志》的作用，是激发了他们通过日本来学习西方的热情。据朱维铮统计，甲午战争之前三百年，主要是日本在翻译中国的书，中国翻译日本的书不过12种，其中大多数还是日本人在翻译介绍日文著述。甲午之后情况全面逆转，不过十多年时间，日本译中国书仅16种，其中大多数还是文学书，中国译日本书却达到了958种，内容主要是西方思想及科学知识，涉及哲学、法律、历史、地理、文学、地质、生物、化学、物理等各个方面。不难断言，因不懂西文，纵使是许多当年知识精英，包括康有为、梁启超等维新派人士在内，也都需要借此以取得西学的知识。

梁启超这时鼓吹学日本和从日本取经的言论就颇多。他一再举波兰、印度、土耳其被殖民，美国、俄国、日本锐意改革，后来居上的例子，来说明破旧立新之必要，称赞“西方全盛之国，莫美国若；东方新兴之国，莫日本若”。他亦坦白告诉国人说：日本与我为同文之国，至今汉文犹居十之六七。“今诚能习日文以译日书，用力甚鲜，而获益甚巨。”因“泰西诸学之书，其精者日人已略译之矣。吾因其成功而用之，是吾以泰西为牛，日本为农夫，而吾坐而食之。费不千万金，而要书毕集矣”。

以日为师的改革，并没有能够得到清朝统治者中当权派的认可。光绪皇帝支持的维新变法只进行了不过一百天的时间，慈禧太后等保守力量就发动了政变，囚禁了光绪皇帝，并大肆逮捕维新派领袖。当时在京的梁启超不得不赶快躲到位于东交民巷的日本使馆里去。几天后，经日本公使安排，由日本使馆人员陪同，化装潜往天津，再由那里的日本人接应，登上停泊在塘沽的日本军舰，逃去日本避难。康有为政变当天恰巧不在北京，路上遭到通缉，经英国人营救，到了香港。到港后康有为也是通过日本领事馆向日本政府申请避难，得到日本政府同意后，康即率弟子乘日船逃到了日本。

到日本后，康、梁受到了日本政府的礼遇，康、梁亦对日本充满感激之情。梁曾有诗称赞日本是“种族文教咸同我”的“君子国”，并郑重建议日本政府出兵营救光绪皇帝复政，帮助大清国重新启动变法。虽然此一建议没有得到日本政府回响，但康、梁还是在日本开展了不少这方面的活动。辛丑年间，为了推动唐才常等在两湖地区发动的勤王起义，梁启超还一度计划在日本购买军火，秘密运往国内，同时募集五百名日本浪人参加。

由于康有为住了半年多就应北美华侨组织之邀去了美国，梁启超除了短时期离开日本前往欧美外，旅居日本达十二年之久。他除了做过许多推动中日提携的工作，包括公开主张应“以保黄种之独立，杜欧势之东渐”，争取他日两国能“成合邦之局”外，也因“广搜日本书而读之”，在知识和观念方面有了很大的拓展与提升。用他自己的话来说，到日本之后，“脑质为之改易，思想言论与前者若出两人”。

在这方面，梁启超最重要的表现，就是借助日文，大量阅读了西方思想家和日本学人的理论著述，然后转化成自己的语言，写成文章，介绍给中国读者。在日本，他先后创办了两份在中国近代史上影响极大的刊物，一份叫《清议报》，一份叫《新民丛报》。而通过借日文来汲取知识的办法，他很快形成了自己的一套启蒙思想，然后通过《清议报》，特别是《新民丛报》展开言论思想的宣传，因而极大地推动了那个时代中国国民思想启蒙的进程。

国人以日为师，当时主要通过两种途径。一是在国内阅读各种像梁启超等转译介绍过来的文章著述；二是直接到日本去留学。张之洞在《劝学篇》中就特别主张派年轻人赴日留学，文称："游学之国，西洋不如东洋。一、路近省费，可多遣；一、去华近，易考察；一、东文近于中文，易通晓；一、西书甚繁，凡西学不切要者，东人已删节而酌改之。中东情势风俗相近，易仿行，事半功倍，无过于此。"

据不完全统计，仅赴日留学的中国学生，到辛亥革命前，就达到几万人。以下是一个逐年的数字统计：

1896 年，13 人

1900 年，100 多人

1902 年，500 多人

1903 年，1300 多人

1904 年，2400 多人

1905 年，6000 多人

1906 年，7283 人

1907年，6797人

1908年，5216人

1909年，5266人

1910年，3979人

1911年，3328人

由上可以看出一个很重要的趋向，即留日学生人数进入20世纪以后迅速增加，1905年以后年均接近万人，1907年以后逐年下降，但直到辛亥年，仍有三四千学生在日留学。实际上，还有相当数量的赴日者并非在校留学生，因而不易统计计算。但据不少人回忆和当年资料记载可知，此类进出日本的青年，数目也不少。胡汉民1904年初到日本时就赫然发现，当时在日本的国人就不少于两万，是取得留学生资格人数的将近八倍。

当然，可以肯定，1905年以后中国赴日和留日的青年人数确实一度猛增，这自然与清廷停止科举考试、开放兴办西式学堂有关。因为科举制事实上被废除，把大批原先只能靠作八股文改变身份地位的大批农村青年逼到了留学的路上来了。因为西文不易读，西方不易去，日本仅一海之隔，费用便宜又文化相通，想要到日本留学者人数较多是必然的。

但另一方面，1904—1905年主要发生在中国东北的日俄战争，也再度给了国人以强烈的刺激。自19世纪末以来，大清国士大夫就开始把种族主义与民族主义相混淆。严复、梁启超等早就明确地把白种人和黄种人视为两种不同的民族，相信黄种人应该具有共同的立场，日后梁启超、孙中山等人积极主张大亚洲主义，即是出于此。甲午战争打破了国人“天朝上国”、“天朝子民”的迷梦，大家认识到需要向日本学习，但那到底还只是黄种人内部之间的战争，并不代表日本人就真的能够与西方白种列强平起平坐了。日俄战争则不同，在中国的报刊上，这场战争从一开始就被国人视为“白人受辱于黄人之第一次历史”。

日俄战争的爆发，让国人兴奋，结果更是出乎多数国人预料。当“俄罗斯以四十余倍之地，三倍之人，历数年之经营，据形胜之要地，竟为区区日本所大困”，最终战败投降后，大多数一向以西方思想和科技知识为圭臬的知识精英，不能不瞠目结舌，并进一步转向以日为师的心理。旅顺开战之初，当地士绅多数即已“皆抱亲日之意”；日军获胜后，颇多地方头面人物还亲往祝贺。不少中国留日学生也纷纷发出欢呼声。

当然，即使处于思想启蒙过程中，各种思想纷至沓来，在日本学界亦有不少对民族主义、种族主义，甚至于资本主义持异议者。受此影响，积极主张向日本学习者，不论是改良派还是革命派，抑或青年学生，如何学习、学习什么，以及学习后当如何，大家的意见也不尽相同。但有一点是毫无疑问的，即那个年代凡主张以日为师者，都是以富强自己国家为目的的，本质上都是民族主义者。只不过，受到日本人的影响，把民族主义进一步发展成为所谓“大亚洲主义”的变相种族主义的，也颇不乏人。

飘不久的黄龙旗

当今人类文明社会是从市镇脱离封建制度而兴起的时候逐渐演生出来的。所谓现代文明，最主要的就是要确保人与人能够平等交往、共同生活。这样一种交往形式和生活方式，不可能产生于具有强烈排他性的宗法社会族群内部的血缘关系中，只能产生于陌生人密切交往的城市公共社会生活场域之中。这是因为，只有相互陌生的自由人之间密切接触交往，才能形成多元的和权利平等的社会；只有在多元和权利平等的条件下，人们才可能在相互尊重的基础上形成共同遵守的开放式的公共道德、法律和公共秩序观念。17、18、19 世纪民族国家的普遍兴起，不仅是这样一种权利共同体派生的产物，它也随着欧洲殖民主义浪潮，把这样一种平等交往的形式和观念推广到了国与国的关系中。问题在于，所有这一切，包括国民观念、领土观念、主权观念，乃至于国家观念、国与国之间平等交往方式与规则，包括吃饭、着装、出行、说话和礼仪方式等等，对于距离现代社会较远的落后民族或古代帝国来说，统统都是有违祖宗之法的非礼之事、非礼之物、非礼之言，必须拒之于千里之外。因此，纵然这种事情客观上确像孙中山讲的，已经是一种浩浩荡荡的“世界潮流”，而且是“顺之者昌，逆之者亡”，但对于那些不想参与这现代进程的落后民族而言，不到火烧眉毛，统治者无论如何都是不肯委曲求全的。

大火烧到眉毛的速度，即使在落后民族或帝国中间，也会有先后的差别。比如，大小国就可能完全不同。所谓船小好调头，国小如日本者，面对外力挑战，统治者危机感来得快，政策调适自然也快。1853 年以前日本锁国已有两百年，美国炮舰 1853、1854 年两度开进东京湾，当时主政的德川幕府自知无力抵抗，马上委曲求全，签约开国。此后日本虽也有攘夷蛮干之举，但因岛小，且内部意见不一，少数人坚持十年即告失败。随着 1868 年明治天皇登基，维新变法，全盘西化，又过了仅十年左右时间，日本就从一个在欧洲鲜为人知的蕞尔小岛，一举成为可与欧美列强比肩而立的亚洲强国了。

反观国土纵横上万里的皇皇大国中国，就因为版图面积太大，再加上当时的统治者盲目托大，常常感受不到危机临头。1840 年英国炮舰闯关发生在广州，距离皇帝所在京城有五千里之遥。以当时的技术条件，从广州到北京，一封加急公文需时约十六天。何况臣子们既不敢轻易惊扰天庭，又不敢有违王法礼法，只能这边想方设法拒绝外人的一切要求，那边对朝廷只报喜不报忧。结果许多明明可以交涉解决的事情，最后不仅弄到兵戎相见，而且还逼使列强挥师北上，非得千里迢迢地把炮舰开到津沽去向清朝皇帝示威，问题才能以一种屈辱的形式得以解决。

说中西之间并不是非得走“不打不相识”这条路不可，是因为诚如黄宇和所说，“汉唐盛世以至宋明，都有不少外商到中国自由自在地贸易，他们的文化、宗教等也受到尊重”。宋元以前的情况自不必说，纵使开始实行海禁的明朝皇帝，对西方文化也还没有怕到连洋人的面都不见的地步。西方传教士直到明末还有不少人来过中国。耶稣会士，如利玛窦等还长期生活在京城皇帝身边，传播了不少西方先进的“奇技淫巧”乃至科学观念。

来自北方大草原的满族统治者似乎对这样的碰撞和交往也并不都那么惧怕，康熙帝就比较信任耶稣会士，认为他们“忠贞可靠，足资信赖”。在耶稣会士张诚、徐日升等影响下，他还和西来的沙俄围绕着如何划分地境问题进行过不止一次的交涉，双方依照西方刚刚开始通行的近代国家关系规则，签订了对中国来说具有近代意义的划界条约。但值得注意的是，按照当时受命作为中方译员参与交涉的徐日升的看法，这种谈判和交涉若是在京城进行的话，情况可能就大不相同了，因为自视为天子的中国皇帝很可能非要求俄国使臣按照朝贡礼仪行事不可。俄国人如果拒绝，交涉很可能会难以进行下去。

和之前的统治者相比，越到后来，满人统治者就越是会担心来自海上的威胁。同样在康熙年间，朝廷对在东南沿海活动的荷兰人的态度就一直摇摆不定。乾隆当政干脆全面锁国，只留下广州一个开放口岸，也并不是为了保持与西方国家之间的贸易渠道，因为他害怕臣民与西方人接触，受到不良影响。为此，广州当局在允许发生贸易关系的情况下，却严格规定西人不得踏入广州城一步，只能通过官方指定的十三行与内陆发生商业关系。这种情况显然无法适应西方资本主义迅速发展背景下列强各国对华贸易需求的不断扩大，中外之间的贸易冲突客观上不可避免。

贸易冲突未必会导致后来的鸦片战争。任何一种贸易的存在都是由供需关系决定的。日本开关后与西方国家间也存在贸易上的摩擦，但双方并没有在鸦片问题上冲突过，因为日本社会对鸦片并无特殊需求。另外，日本对交涉国也没有基于朝贡制度的歧视性的礼仪规定，因而关系国不难就贸易问题进行交涉。中英鸦片战争的爆发，除了奸商作恶外，中国畸形的市场需求和特殊的礼仪规定，无疑产生了重要作用。

有需求才有市场。鸦片能够在中国泛滥并演化成为中英贸易冲突导火索，不可否认与中国庞大的吸食人群及其旺盛的市场需求有关。时人也早就看出这一点，称：欲根绝鸦片走私，“必先重治吸食”，因为“无吸食自无兴贩，无兴贩则外夷之烟自不来矣”。在近代国家关系中，发生贸易摩擦或冲突，包括一国限制或惩治不法外商之规定适当与否等问题，都可以通过双边条约及外交途径加以解决。英国私商大规模对华鸦片贸易形成之初，英政府就考虑通过正常的外交接触，与中国订立贸易规则。为此，1793 年，英国政府特意选派了曾经担任过驻俄公使，与俄国成功签订了商务条约的马戛尔尼担任访华特使，并以他为首组织了一个拥有各色专家及军事、贸易人员的代表团，打算通过给乾隆皇帝祝寿的名义，与中国的中央政府展开外交接触和贸易商谈。

想不到，双方什么都没谈，就在英使如何觐见清朝皇帝的礼仪问题上发生了冲突。清廷官员坚持英国使节必须要按清廷对待属臣和朝贡国代表的方式，向皇帝行跪拜磕头之礼。对此，马戛尔尼无法接受。据他回国后报告称，他们拒绝了清廷的要求，仅以欧美式的觐见礼仪，单膝下跪、颔首，完成了这次觐见。清廷官员对这一说法并不认同，他们坚称，马戛尔尼使团觐见时，全体人员都按照中国觐见之礼向乾隆皇帝磕了头。而且，清廷此后也确实对于来访的荷兰使团、美国使团一概如此要求。荷兰使团同意磕头，就见了皇帝；美国使团拒绝磕头，也就没见到皇帝。

这件事无论中英双方谁讲的是实话，一个基本的事实是，本来就不愿意接触这些傲慢洋人的清朝皇帝，自此在心理上就更加敌视西方了。尤其值得注意的是，皇帝要求洋人必须像中国人一样，要按照君臣之礼，磕头觐见，下面的官员也照猫画虎变得谨小慎微。他们不仅拒绝与洋人直接接触，而且洋人递交的文书不书“禀”字，即打回拒收。两广总督邓廷桢即为此报奏朝廷以表功，称：“中外之防，首重体制”，“一字之更”，“体制攸存，岂容迁就”。事情发展到这种地步，哪怕是1840年英国兵舰逼上津门，清廷雇用的通事在翻译英方照会时，就更不敢照译原文了。他们只能把英方使用的略嫌强硬的用语，都译成卑下谦恭的“乞恩”之词，生怕刺激了皇帝脆弱的神经，惹来杀身之祸。

由于1840年鸦片战争前，凡“受雇为夷服役，即为下贱之徒”，故为洋人做翻译工作的通事常常被人目为“汉奸”，社会地位低下。故中方战败签订《南京条约》时，条约中英文文件竟只能由英方译员译定。由于英方译员误以为中文“港”字即包括口岸城乡，故在条约第二款关于英人及其家眷可居住于五个开放口岸的文字表述上，中文写为“五港”，英文写为“the cities and towns of ...”，由此竟又围绕着英人能不能进广州城的问题，引发了新一波冲突，并导致了一场延烧到北京的更大规模的战争。这一回英国人再也不满足于在广州与皇帝的属臣打交道了，他们坚持要到北京城去建立使领馆，以便像欧美各国间通行的那样，可以有外交代表直接与中央政府打交道。但这时的咸丰皇帝及其属臣却更加昏庸且顽固，不仅坚持不磕头就不见外国使臣，拒不允许外国在京设立外交机构，还杀害了英方派出的巴夏礼使团一行 39 人中的 18 人，结果导致英法两国联合入侵，北京城被攻占不说，皇家的圆明园也被英法联军报复性地劫掠并烧毁了。

两度战败，又割地又赔款，还不得不签约同意列强各国在京派驻外交代表和设置使领馆，依旧没能让清朝的皇帝变得清醒起来。之后的同治皇帝正式登基时，中外双方为觐见一事究应鞠躬还是应磕头的事，再度争执了几个月之久。虽然同治最后让步同意以对方多鞠几个躬来代替磕头结束了这场争吵，但内心的痛苦和屈辱还是让他难以承受。据其身边太监透露，他在这之后很长一段时间都会让人制作一些形似洋人的小人偶，每天供他砍杀。他总是一面砍，一面发狠地骂道："杀死洋鬼子! 杀死洋鬼子! "

这样一场围绕着礼仪问题一直纠缠不休的争执，最终随着义和团兴起、八国联军打进北京，进一步签订《辛丑条约》，被迫全面接受了西方现代外交礼仪及外交方法，才基本上算是告一段落了。

当然，仅仅被动地接受西方人的国家、外交及其相关概念、做法和模式，并不等于大清国因此就能适应近代国家关系和外交关系的观念、秩序和制度了。许多问题只有在具体的接触、交涉、碰撞及模仿学习的过程中，才有可能发生实质性的转变。

比如，自从有了国家关系的麻烦之后，对国民的认定和管理就成了一个很实际的问题。传统的户籍制度完全无法应对越来越频繁出现的华人和洋人流动的问题。早在鸦片战争爆发前后，澳门和香港就已经出现了华民国籍归属的问题。19 世纪 20 年代，信奉天主教的澳门华人就已经被葡萄牙纳入其管辖范围了，1867 年葡萄牙法律更明文给予葡籍华人子女以公民权。英国在将香港纳入其管辖权之后不久，也明确宣布，凡居住在香港之居民，均为“英国臣民”。1868 年，英国政府还进一步颁布了《服饰规则》，规定在香港和内地两边流动的华人，必须选择其国籍身份。选择中国国籍者，则不受英国保护；选择英国国籍者，则不能着华服，以区别于内地人，便于享受英国领事的保护。同年签订的《中美续增条约》中，清政府才首度在外交层面触及了国籍问题，因为双方的规定使保护本国侨民成了清政府的一项重要外交事务。此后，清政府才逐渐开始主动加强与海外华侨之间的联系，并针对大批租界或租借地华人改籍现象，于 1903 年出台了《大清国籍条例》，是中国历史上第一部专门针对国籍问题的法律，虽然是建立在血统主义基础上，却多少具有某种现代意义。

更能反映大清国现代外交观念形成的复杂性的，或可以国旗为例。古代中国因为没有现代国家观念，更不存在国与国平等交往必须要遵守的外交规范的需要，从来没有“国旗”的概念。19 世纪中期，清廷被迫开放 11 座城市为通商口岸，马上就有了麻烦。这是因为，西方国家船舶开始可以在中国沿海及内河航行，这些国家已经形成了船舶悬挂国旗标示国籍的规范，中国因无国旗，因此各种船只的身份在航行中无法辨识，很容易发生冲突。迫于这种情况，清廷开始用象征皇权的三角黄龙旗悬挂于官船和兵船，暂时解决了这一问题。

但是，三角黄龙旗严格说来并不适于当国旗用。当时，清朝开始向各国派驻使臣，依照西方惯例，使领馆须悬挂国旗，中国也不宜例外。当时清廷并未规定三角黄龙旗为国旗，且各国国旗旗身皆方，独中国为三角龙旗，也很不般配。1889 年，清朝出使美国大臣张荫桓就此一问题委婉地奏报朝廷称，在美华商为标示华侨身份，常悬挂三角龙旗，公使馆作为官方机构，不宜与商家混同，已擅将北洋海军使用过的长方形黄龙旗当做国旗来用，效果甚佳。

清廷这时对国旗的作用仍然缺少意识，故对张荫桓的做法既未肯定，也未反对。但开国之后，城市华洋杂处，外国租界和洋行各悬本国国旗的习惯，使得国内开放口岸官民这方面的意识普遍增强。驻美公使馆用长方形黄龙旗的做法，符合国际规范，很快就在国内城市中流行起来。据说最早在1901年慈禧生日时，北京城内各局所就开始高挂长方形黄龙旗。以后凡皇帝或太后诞辰日，“官所民宅皆高揭龙旗以伸庆祝”。不少政府、军队、学校所在地，平时也开始悬挂这种黄龙旗了。

然而，仿效西方国家用旗，也并不是随便打出一面什么旗帜来就可以的。现代民族国家到底不同于古代帝国。把龙旗当成国旗来用，一开始就受到海外诸多深受西方启蒙思想影响的中国知识分子的质疑。主张反满的革命党自不必说，就连力倡保皇的康有为也不以为然。他公开撰文称：龙旗飘飘，古为天子之用，与国无关。今日拿来做国旗，实不恰当。他号召国人献计献策，另外设计国旗方案，以备将来之用。

实际上，古今中外，社会进化、观念进化只能是一个渐进的过程。中国国内大部分民众当时也不具备现代国家观念，对此康有为担心之事并无意识。他们很大程度上也确是把黄龙旗当做皇权的象征来看，依旧还是把天子视同于国家。就是辛亥革命成功，中华民国建立，国旗已改定为五色旗，许多人思想依然如故。这也是为什么1915年袁世凯称帝、1917年张勋复辟，龙徽龙旗一度又死灰复燃的一个原因。

当然，20世纪的中国到底已经开始进化到“民国”时代了，龙旗飘不了多久，说起来也是一种必然。

与外国委蛇

19 世纪末 20 世纪初，面对优胜劣汰、弱肉强食的国际政治环境和中国可能遭受瓜分的严酷现实，国人在救亡或建国问题上，很少会像今人那样血气方刚，亢奋张扬，坚持“自古以来”，寸土不让。那个时候，主张灵活求变以保种自强的意见比比皆是。像张之洞提议与俄国密约共同对付日本、酌量划分新疆之地以酬之，像谭嗣同主张出卖蒙古、新疆、西藏、青海边缘寒瘠之地，以偿赔款并供变法之用，免受种种拖累等，都是很典型的例子。就算辛亥前顶顶激进的民族主义者章太炎，也绝不像今人那样把边疆民族地区看得那么重要。在他看来：各民族最好“以一民族组织一国家，平等自由，相与为乐”。如果不是列强环伺可能威胁汉人土地，对于西藏、回部、蒙古，最好“任其去来也”。

1912 年成立中华民国，宣告了“五族共和”的国体，依旧没有解决中国的疆域范围和民族归属问题。不过，清帝逊位诏书提出“合满、汉、蒙、回、藏五族完全领土”的大中国主张后，孙中山亦不能不接受“五族共和”了。因此，面对外蒙古和西藏相继宣布“独立”，满洲早就落入俄、日势力范围的情况，他也曾有所表示。他公开承诺：待多年之后，我兵力充足时，一切当可恢复。否则，我“华人无保存国家之资格”。

20 世纪上半期中国历史的一个重要特点，就是革命与战争此起彼伏，传统中国的正统倾覆后，道统、法统随之而去，丛林法则大行其道，主义之争、权力之争、利益之争愈益加剧了国内各派寻求外部力量来解决内争问题的趋向。

据有史可考的记述可知，最早寻求外国援助的是孙中山。1894 年中日爆发甲午战争，清政府在战争中遭到惨败，次年 3 月被迫要求停战并开始与日方谈判。这时，孙则计划在南方的广州发动起义，准备与日本南北夹击，乘机夺取广东地区。他为此亲赴日本驻香港领事馆求见日本领事中川恒次郎，请求日本政府提供武器，帮助他领导的革命党推翻清政府。

同样的情况也曾发生在改良派康有为、梁启超身上。因维新变法失败，二人也曾先后多次游说日本浪人宗方小太郎等，希望能向日本“借兵并兼请声援”，或“在日本雇兵五百名”并将官，以攻打广东省。

相信日本与中国同文同种，基于传统的“春秋大义”和“尊王攘夷”观念，明末清初早就有过中国的士大夫纷纷去日本乞师复仇的先例。因此，晚清康、梁，乃至孙中山等人这时的行为并非不可理解。但是，随着革命党人纷纷主张借助外人武力，甚或请外国出兵推翻清廷，康有为的态度已有所改变。身居北美，对国际政治多少开始有所了解的他并没有直接反对“托外人运械”、“请外人练军”，甚至也没有批评“请外国借兵”或“与外国立约”的做法，但他相信：“各国皆堂堂大国，可取之则取之，谁肯与乱党结盟哉？何必待与乱党结盟哉？”他并以波兰、埃及独立运动得不到列强援助和洪秀全推翻清廷的革命反遭英国洋枪队镇压为例，说明革命党乞求外力援助毫无前途，一旦造成义和团那样的内乱，反而会引来外国干涉。

对于康有为的观点，革命党人自然不认同。章太炎就写文章公开声言：“吾以为今日革命，不能不与外国委蛇。”如此虽仍有引发外国干涉之可能，但革命党运用得当，“利用外人而不为外人所干涉者，亦未尝无其地也”。随后的事实也证明，外国未必不会援助革命党。

1913年，孙中山揭旗反袁，但旋即失败，便躲去日本，另组中华革命党，并筹建“中华革命军”。1915年夏，袁世凯酝酿复辟帝制，日本政府因对袁亲近英美不满，故明确表示反对。因此，孙中山得以乘机在日本军方的默许和支持下开始组建“中华革命军”了。

孙中山把“中华革命军”分为了四部分：一设上海，称东南军；一设广州，称西南军；一设陕西三原，称西北军；一设山东青岛，称东北军。实际上，随后真正成军者，只有设在山东青岛的“东北军”。“东北军”的经营范围，亦仅山西、直隶、山东三省而已。之所以叫“东北”，因为按“中国本部”十八省的范围，此三省位于东北而已，与人所共知的东北三省完全不是一个概念。

此东北所以不含彼东北，内中的原因很明显，因为整个“中华革命军”计划，特别是1916年3月开始在青岛组建这支“东北军”的计划，主要是靠日本人出钱、出枪，甚至出人、出地方。像青岛这时就在日本军队占领下，部队军事骨干主要也是留日士官生和日本浪人。孙中山早年结识的日本友人梅屋庄吉负责东北军的“武器输入”，并捐赠了一所“飞行训练学校”；日本黑龙会成员萱野长知则出任东北军的顾问，负责协调与日本各方的关系。日本驻军还一度利用他们控制的胶济铁路和沿线地区的便利，协助东北军打下潍县，挺进济南。不难看出，孙中山把这支部队称为“东北军”，怕也是有意为之。

值得注意的是，孙中山得到日本帮助，组织起一支军队来与中央政府作战，并非是一次十分成功的经历。他的成功实际上只持续了几个月时间。当年6月6日，袁世凯突然暴毙，日本当局很快就改变了对华策略，中华革命军东北军再也得不到日本军方的支持了。没有日本军方的默许，失去了来自日本人的经费援助，这支军队也就失去了活动和存在的基础，最后不得不交给北京政府改编了事。

当然，孙中山依旧需要借助列强之力，才能达成自己的革命目的。因此，此后的孙中山还是利用一切可能，向日本、法国、美国甚至德国各方寻求经济上，特别是军事上的援助。但读孙中山 1917 年开始撰写的《实业计划》的小册子即会发现，自辛亥革命前就一直在试图通过向日本许诺出让满蒙权益以换取日本政府援助的孙中山，这个时候对满洲问题的看法发生了明显的转变。

在此前，孙中山总是告诉日本人说：满洲原为满人的土地，对我中国汉人来说并非绝对需要。日本人口年年增多，资源贫乏，满洲地域辽阔，资源丰富，当能满足日本之发展。故中国革命成功，必将满洲交给日本开发和管理。然而孙中山这时却明白写道："中国十八省之土地，现乃无以养四万万人。"因此非向东三省、蒙古、新疆、青海、西藏移民不可。尤其满洲"为中国最肥沃之地"，"森林、矿产素称最富，金矿之发见于各地者亦称最旺"。该地所产可用以代肉的大豆，足以供给日本和中国并向世界出口；所产小麦，亦足以满足西伯利亚东部所需。故大力发展满洲之铁路、工业和农业建设，对中国极具重要意义。

他并且宣称：“今中国已醒觉，日本即欲实行其侵略政策，中国人亦必出而拒绝之。即不幸中国为日本所占领，不论何时何处，亦断非日本所能统治有利。故以吾之见，日本之财政家当比日本之军阀派较有先见之明，此可以满洲、蒙古范围地之争持证之。以财政家得最后之胜利，如是日本即舍弃其垄断蒙古之政策，而与列强相合成立新银团。若此新银团能实行其现所提倡之主义，吾中国人素欲以和平改造中国者，必当诚意欢迎之。故为万国互助者当能实现，为个人或一民族之私利者自当消灭于无形矣。”

但是，孙中山从来也没有变成一个反日分子。他所领导的反满革命从一开始就受到众多日本浪人的帮助，包括在几乎是毫无成功希望的历次起义中，往往都有这些日本友人的身影。据日本《东亚先觉志士记传》记载，仅辛亥革命前就有一千三百名日本人死在中国，包括和孙中山及同盟会关系密切的黑龙会的七百余名成员。

孙中山并非不了解日本军阀有侵略中国的野心，他自然也清楚，他那些最坚定地支持中国革命的好友，诸如黑龙会首领内田良平，顾问头山满，以及成员宫崎寅藏、平山周、萱野长知、池亨吉等，都强烈希望开发中国的满蒙地区，因为黑龙会的宗旨就明确主张要“把满洲、蒙古、西伯利亚连成一片，以建设经营大陆的基础”。然而，这多少有点像缅甸的德钦昂山（即昂山将军）一样，两害相权，总有轻重和缓急之分。

昂山等人当年的主要斗争目标是推翻英国的殖民统治，因此，当他发现可以利用日本人来赶走英国人的时候，毫不犹豫地走上和日本人合作的道路。昂山后来也讲，1941 年不得不决定要不要与日本人合作时，他也犹豫过。因为此前从报刊上也看到过关于侵华日军暴行的报道。但日本人能够把他从一介青年学生变成一个能打仗的军人，并且能援助他组织缅甸自己的军队和英军作战，这样一种前景还是让昂山兴奋不已，因而下决心接受了日本人的训练和武装。

昂山开始对日本人不满，是跟随日军一起赶走了英国殖民主义者之后，日本占领军实际上取代了英国殖民主义者的地位，缅甸人并没有就此获得真正的独立。因此，当盟军在欧洲战场上取得了决定性的胜利，日本战败的命运已经确定无疑时，以追求独立为目标的昂山，最后还是指挥手下的军队发动了抗日的武装起义。也正因为如此，建国后的缅甸人并没有因为昂山曾经与日本人合作过，就视之为缅奸。恰恰相反，人们多半高度肯定他的成绩与贡献，因为，他毕竟两度成功领导了反殖民主义统治的斗争，值得被尊为缅甸开国的“国父”。

孙中山没有活到日本大举入侵中国的时候。但是，1917 年以后他在与日本人谈到满洲问题的时候，口吻上还是有了一些变化。他仍旧需要日本人的援助，因此，私下里仍旧承诺革命成功后可以将满洲委托给日本人来管理，但是他同时也不止一次地在强调：东三省是中国的领土，我们要把主权保持在自己的手里。

孙中山与日本关系的微妙改变，特别是他在满蒙权益问题上态度的变化，清楚地说明他最终注定是会让那些始终梦想着占据满蒙地区的日本人失望的。特别是当1919年五四爱国运动在中国掀起一波强烈的反日高潮之后，孙中山甚至不能不转而迎合国人当时的情感，公开表示：“余主张，二十一条应作废，日本并应于租借期满后，退出满洲各地。……日本绝无可以占据胶州、青岛之理由。”

当然，孙中山毕竟是一个革命党人，不论国内出现了怎样有利的政治形势，只要自身不具备推翻政府的足够实力，革命党仍旧要想方设法取得有力的外部援助。为此，任何外交的妥协或交易，仍旧是不可避免的。再凑巧不过的是，这个时候中国的毗邻突然间诞生了一个革命的苏联，它同样需要革命的盟友，而且还格外热心想要通过向周边国家输出革命来巩固自身的胜利，进而壮大自己的力量。

于是，始终没有能成功地建立起自己的武装，取得一片巩固的根据地的孙中山，很快便转向苏联要求援助了。第一次，他几乎是毫不掩饰地要求苏联出兵中国，经新疆、甘肃，深入四川，直接帮助他在那里的革命党同志发动起义。第二次，他降低了要求，请苏联提供军事援助，但仍旧要求红军进兵新疆，以便帮助国民党在新疆的乌鲁木齐和外蒙古的乌兰巴托建立两个军事基地，就地招募和组建两支上万人的革命军队，然后协攻北京。

孙中山这回算是找对了地方。苏联人虽然没有答应孙中山出兵和在新疆、蒙古建立军事基地的提议，却帮助孙中山及其国民党把广州建成了一个革命的政治军事中心。五四运动之后的孙中山显然也颇感满意，因为他拿来和苏联政府做交换的代价远比过去向日本求援时小多了，他只是允许苏联红军暂时在蒙古驻军和同意中东铁路之管理应维持现状而已。

“你一国，我一国”

“你一国，我一国”，不要把蒋介石的国当成共产党的国，这是毛泽东抗战中批评王明“右倾错误”时讲过的话。1959年、1973年，毛泽东又多次讲过类似的话。

这些话，在今天熟悉了现代史观，特别是熟悉了民族史观的很多人听来会难于理解，但对当年流血牺牲打天下、只认阶级革命史观的共产党人来说，这些话却很形象，很好懂，而且是天经地义。

反过来，蒋介石被迫跑到台湾岛上去之后，也是一样，继续以“正统”自居。众多国民党人，也是同样的思维和逻辑。

同一个国家，甚至同一个民族，何以会弄成“你一国，我一国”？纯粹照斯大林式的传统民族主义的观念来解释，显然非常困难。

形成于19世纪的传统民族主义的观点主张，确实曾经对中国近代历史选择产生过重要影响。比如，传统民族主义主张“单一民族国家”的民族自决论，不要说一个民族被另一个民族压迫、欺凌，哪怕仅仅是感觉地位不平等，任何民族都有反抗、自决和另立新国的权利。20世纪初，梁启超等人就据此倡言建立大中华，孙中山等人也是据此以革命的。

但是，随之而来的情况，就不是传统民族主义观念可以解释的了。

武昌起义星星之火，轰然点起十余省造反烈焰，大清国瞬间倒台，汉人顺利夺取了政权。紧随而来的，却是孙中山与袁世凯两大政治强人之间尖锐冲突，南方与北方势不两立，以及地方军阀割据势力的迅速崛起。满人统治已经垮台，中国已重回汉人名下，汉人自己却陷入互不相下、你争我夺，甚至于你死我活的内讧之中。国家之四分五裂，民族之分崩离析，远甚于满人统治时代。

照理，有20世纪初汉满不两立的革命宣传，有清末宪政改革因清朝皇室愚昧颟顸而夭折的教训，特别是有辛亥革命一朝胜利的经验，汉人精英阶层中明内外大势者必日多。然而，大清国倾覆后，不改正朔，不弃发辫，不变衣冠，公开以清遗民自居，甚至直认“民国乃敌国也”者，却比比皆是。他们绝大多数并非满人，反而是汉人。甚至有梁漱溟之父梁济，1918

年 11 月 14 日留下大量遗书，投积水潭自尽，“为清朝而死”。清华国学研究院教授王国维，清亡后蓄辫明志，得知清遗老叶德辉被杀后，留书曰“五十之年，只欠一死，经此世变，义无再辱”，亦于 1927 年 6 月 2 日投昆明湖自尽。就连溥仪几度酝酿复辟，包括最后成立伪满洲国，身边所用之人多数也竟都是汉人。

今日强调中国特殊论者，多批评西方建构主义的民族理论，因为后者认定民族只是一个近代概念，是建立在自我选择和群体认同基础上的“想象的政治共同体”。姑且不论谁是谁非，观察 20 世纪上半期的中国历史就会发现，如果我们相信现代国家就是所谓“民族国家（nation-state）”，这里的“民族（nation）”也是指需要以平等权利和政治认同为基础的“国民（nation）”的话，那么，这种产生于 19 世纪欧洲的“想象的共同体”，其实也在中国开始上演着。所谓“你一国，我一国”，无论是被动建国，还是主动建国，某种程度上即反映出这样一种近代政治的选择过程。

比如，1930 年代初在中国境内就接连出现过四个“国”。除国民党统治的中华民国外，另外几乎同时还并立过三个新“国”。它们分别是：1931 年 11 月 7 日中共在江西瑞金宣告成立的“中华苏维埃共和国”；1932 年 3 月 1 日日本人扶持末代皇帝溥仪在东北“新京”宣布成立的所谓“满洲国”；1933 年

11月22日陈铭枢、李济深等在福建福州宣告成立的“中华共和国”。抗日战争期间，事实上也还是同时并存着四五个“国”。除毛泽东所说“国内有国，蒋、日、我，三国志”外，大陆版图内还有日本扶植的两个“国”，一个是伪满洲国，另一个是汪伪标记的“中华民国”。

有人把辛亥以来中国之乱象和明朝灭亡之后李自成、张献忠及南明诸王一度各立国号自认正统、分别抗清的历史做比较，认为这些不过是中国一家一姓的王朝兴替在现代之延续与表现。这种说法多半忽略了现代之人与古代之人在对国家问题认识上的重要差异。

现代中国和古代中国之间存在什么重要差异呢？读一下大陆传统教科书就能发现，几十年来国人谈到最多的一个差异，就是辛亥革命后帝制在中国的彻底消亡。坦率地说，这确是一个事实。即不论清王朝颠覆后中国出现了怎样的乱象，也不论政治强人、专制势力怎样层出不穷、长盛不衰，要在中国复辟帝制却难上加难。这种情况反映出，如果说古代之人将国家民族之命运寄希望于高高在上、乾纲独断的圣明天子的话，现代之人则已经不大相信“三纲五常”之类的传统观念，至少许多人已经有了“人民主权”的意识了。

当然，细究起来，社会的这种进步总是渐进的，而且是依知识层面逐次递进的。传统教科书所谓帝制在中国的彻底消亡，是因为辛亥革命后“民主共和观念已深入人心”，当年陈独秀等人就不这样看。陈写道：“我们中国多数国民口里虽然是不反对共和，脑子里实在装满了帝制时代的旧思想。欧美社会国家的文明制度，连影儿也没有，所以口一张，手一伸，不知不觉都带有君主专制臭味。因而袁世凯想要做皇帝，也不是妄想。”

回顾百年来中国历史变迁，可以肯定，陈独秀当年的这一观感更接近历史真实。但是，陈的说法也不十分准确。因为，他讲的“多数国民”，其实指的还只是大门上挂着“恩承北阙”，厅堂上供着“天地君亲师”牌位的普通百姓，他们当年决定不了国家事务。袁世凯称帝、张勋复辟不成功毕竟是一个事实。问题是，谁，因为什么，造成了这样一种看似进步的历史结果？

形象地说，古代中国就像一个由无数涓流汇集而成的庞大的水库，无数个体小农就是构成水库的浩瀚之水，皇权及其制度就是控制着水库的水坝和水闸。皇权制度的存在，是将无数水滴集合成大一统水库的重要前提。一旦水闸被毁，水坝崩塌，大水奔腾而下，势必各行其道，各显神通，不达到各自新的归宿不止。

辛亥后帝制之再难复辟，除地方势力纷纷崛起，国家已经四分五裂、覆水难收外，一个很重要的原因，还在于因共和、宪政的试行，民权思想的鼓吹，刺激了社会精英阶层，也包括大批实力派代表人物，他们的权利地位首先让他们多少有了西方人的那种权利意识。一旦意识到自身的权利地位，他们自然再不会愿意另立一个什么万世一系的帝王，去俯首效忠了。

因为时代已大不同，因此，简单地拿大中华观来看待辛亥革命后这一段历史，显然也不尽妥当了。依据传统历史教科书上的说法，北京政府时期即使在民国史上也是极度黑暗混乱的。改革开放后，两岸史家已经有很多人对此表示了异议。因为他们在研究中发现，恰恰是在那段时间里，发生了中国历史上近乎空前绝后的全国性的思想启蒙运动，延续并推进了自晚清以来的宪政实验。向来我行我素，却对列强奴颜婢膝的中央政府，也不得不开始屈从于民众舆论的压力，废止了拿国权做交易的秘密外交办法。有学者并因此得出结论，认为这一时期宪政、共和、地方自治，乃至推动联邦制的种种尝试，特别是在 1920 年代上半期形成的同样空前绝后的“联省自治运动”，理当被视为近代中国走上民主化道路的一次重要机遇。

但问题是，在 20 世纪初期列强各国激烈争夺殖民地，国际关系中还通行着弱肉强食的丛林法则，特别是日本对中国虎视眈眈的情况下，谁能相信国人在“你一国，我一国”的基础上建立联邦，就能够换来自身的安全和发展呢？还在战国时代管子就看出：哪怕是诸侯割据，面对外敌时，也是“合则强，孤则弱”。然而，这一时期多数闪光的历史现象，却恰恰又是建立在中央集权及其大一统极大削弱的基础上的。一方面民权意识培养、民主宪政推行，需要打破水闸、水坝，形成分权分利的竞争局面；另一方面列强争夺，鱼肉无穷，又非筑坝合流、集人心国力不能止。予取予求，各有利弊。包括1930—1940年代出现“你一国，我一国”的情况，是好是坏，站在不同立场上也自然会各有各的说辞。

历史有时就是这样吊诡和矛盾。对于一个民族而言，分也有分的好处，合也有合的价值，但是合是分，却由不得历史当事人来决定。

近代以来的中国所以不能避免四分五裂，除了中央集权的老大帝国崩塌得太快，缺少权力和制度的过渡条件外，另一个更为重要的原因，其实也是世界大势的变化所致。

中国人开始下决心学西方、赶西方时，不幸正处在西方国家自身政治、观念分崩离析、旁枝横生之际。换言之，当19世纪末20世纪初，梁启超、孙中山等想要重建一个现代中国的时候，他们至少面临着三大主义和无数种道路方法的选择。

一大主义是民主主义。这是欧美资本主义已经实践成功，理当最容易成就国家富强的一种主义。但同为民主政治的实践，事实上又有英国式、法国式、美国式乃至日本式等多种不同的道路选择。

一大主义是民族主义。这是19世纪下半期在奥匈帝国统治范围内强劲生长起来，最能吸引落后民族反抗帝国主义和殖民主义压迫的思想主义。但同是民族主义运动，亦会因条件和诉求差异而生成为英国式的、德国式的、俄国式的，抑或所谓公民民族主义、国家民族主义、族裔民族主义等。

一大主义是社会主义。这是19世纪兴起的，建立在对欧洲资本主义原始积累所带来的社会分化、贫富悬殊和阶级对立恶果反思和批判基础上，人们探索建立新的平等社会的一种尝试。但即使在20世纪初，社会主义的理论、主张及其党派就早已经是五花八门，让人眼花缭乱了。

在此基础上，我们可以看到，从严复译介赫胥黎的《进化与道德》(即《天演论》)和黄遵宪出版《日本国志》的1895年开始，至1898年戊戌变法失败之日止，国中精英分子较多吸收借鉴的是此前掌握的一些西方民主宪政的经验与知识，尤其想要以日本为榜样，走一条英国式的君主立宪的强国之路。

戊戌变法失败，大批政治精英和青年学生流亡或游学日本之后，他们中多数人明显变成新兴的族裔民族主义的狂热拥趸和追求者。他们关心的不再是使国家政治运作合理化的法制和程序问题，而是整个汉民族的情感尊严和地位问题，并将向西方、日本学习，简化成了如何尽快地从被少数“蛮夷”压迫状态下获得解放的方法问题。

毫无疑问，族裔民族主义和英美式民主主义不是并行不悖的人类进化双轮。族裔民族主义的诉求是建立在集体主义基础上的，英美式民主主义的诉求是建立在强调国民个人权利基础上的。族裔民族主义的盛行，在成就民族革命、国家一统的集体主义任务的同时，与强调国民个人权利的英美民主主义思想潮流、观念意识，及其政治实践发生碰撞，不可避免；尽管同有集体主义的色彩，但它与事实上建立在马克思式的个人全面自由理念基础上，相信“四海同胞主义”，主张用阶级斗争、阶级专政的方法，消除阶级、民族、国家差别与区隔的革命的社会主义主张，更是注定要发生矛盾冲突的。

然而，不论是梁启超还是孙中山，亦即无论是改良派还是革命派，当年显然都曾经对三大主义囫囵吞枣、趋之若鹜，追捧唯恐不及。最具代表性的是孙中山。他一向以“除我之外，无革命导师”的中国奇人自居，强调党员“非服从我不行”。但是他却又将民族主义、民主主义和社会主义合而为一，规定为党的指导思想。他信誓旦旦地声言：“决不会领导同志向专制失败路上走”，“我是要以一身结束数千年专制人治之陈迹，而开亿万年民主法治之宏基”；并且要使三大革命“毕其功于一役”，以创造世界上第一个社会主义国家。

无论孙中山所言是否出于真诚，至少在此主张下，其追随者本身的追求就渐呈分裂状。三种主义、无数道路的选择，在一个偌大的中国，会催生出“你一国，我一国”来，应该也不算是现代民族国家时代一种不易理解的怪现象吧。

爱人还是爱国？

当今讲邹容《革命军》者多，讲当年批评异议者少；提批评异议，讲康有为《辨革命书》者多，讲蔡元培《释“仇满”》者少。康有为反对“排满”，承认汉满为两族，认为满族少数统治者之罪恶，“与满洲全籍人无与也”，“文明之国，科罪不及妻孥；野蛮之刑，株连不过十族。今革命者日言文明，何至并一国而坐罪株连之”？蔡元培也反对“排满”，但否认中国还有满人。他的解释是：昔日中国或有满汉之别，系因限制通婚、混居，致血液、风习各异。但二百年来，两者早已通婚并混处，满人的语言文字也被同化，革命成功后只要取消其特权，又何必仇之杀之？

康有为，戊戌变法运动之领袖，辛亥革命前“保皇党”人之魁首，是典型的“爱国者”；同样做过晚清进士，并曾入翰林院做过编修的蔡元培，1902 年还组织过一个标榜“爱国”的“爱国学社”，足见同样爱国。但蔡元培不仅远离康有为的“保皇党”人，而且成了孙中山革命党——同盟会的早期成员，甚至还加入了更激进的“暗杀团”。他曾身体力行地参与联络会党，研制炸药，并促成了中国革命党人的第一炸——1905 年 9 月 24 日吴樾刺杀清廷五大臣案。

同样爱国，同样志在救国，但一个主张改良，一个主张革命的康有为、蔡元培，却同样反对“仇满”、“排满”，主张在爱人的基础上爱国，主张“无论黄、白、棕、黑之种，同为天生，皆为兄弟”。因为在民族或种族问题上反对贵贱优劣之分，他们还不约而同地接受了与“民族主义”、“爱国主义”大不相同的激进的西方思想观念。

1903 年，四十五岁的康有为撰成《大同书》，专门有“去国界”、“去种界”之论。认为“凡有小界者，皆最妨害大界者也。小界之立愈多，则进于大界之害愈大”。因地球浩大，群居人类生发无序，“自有人民而成家族，积家族吞并而成部落，积部落吞并而成邦国，积邦国吞并而成一统大国”。但“凡此吞小为大，皆由无量战争而来，涂炭无量人民而至”。此国与国分划分立，更造成无尽之隔阂与无穷之冲突，逼成弱肉强食，“非公理所能及也”。因此而来的抢夺、压迫、战争、杀戮，不仅无休无止，且“愈文明则战祸愈烈”。这是因为，古之争杀以刀，一人仅杀一人；今之争杀以现代武器，“数十万人可一夕而全焚”。故康有为告天下人曰：今日“仁人君子所当日夜焦心敝舌以图之者，除破国界外，更无救民之义矣”。

无独有偶，1904年，三十七岁的蔡元培也做了一个颇有些相似的“大同梦”（又称“新年梦”）。他梦见一直遭受列强瓜分威胁的中国人，竟然一朝打败了联合入侵的列强各国，然后在俄、美两国介绍下与各国议定了和约。进而为弭平人类绵延不绝的争斗杀戮起见，乘着各国军备不济，中国推动各国开了一个会，把造成人类相互隔阂争斗的国家统统取消了。自此，人类和睦相处，再没有冲突战争和多余的纷争与交涉。“大家协力的同自然争，要叫雨晴寒暑都听人类指使，更要排驭空气，到星球上去殖民”了。

从古代国家，到现代国家，或者更准确一点说，从一个传统的农业社会，迈向现代工业社会的初始过程中，人们对种种新事物不适应，是再正常不过的一件事了。尤其是自以为一向生活在“日出而作，日入而息，凿井而饮，耕田而食，帝力何有于我哉”的自给自足的社会中人，突然要面对一个无所不在的国家机器，突然意识到自己和社会的一切荣辱福祸都要取决于这个国家掌握在什么人手里，意识到正是因为国家强力的存在造成一系列人间惨祸，许多人会不适应，会抵触，甚至想要另谋出路，不足为怪。

20 世纪初期的中国就经历着这样一种社会大变动，因而不仅社会下层有无数与外界隔膜、不知有国者，社会中上层有许多想要把中国改造或建成一个西方式新国家的改良派或革命党；同时也有大量新型知识分子和青年学生受到西方“人人生而平等”的观念影响，对因国家和民族（种族）的区隔划分产生的对立、冲突、压迫和战争充满厌恶，转而拥抱了西方各种流派的社会主义和无政府主义。

康有为、蔡元培等虽然向往人类未来无政府、无国家、人人平等的理想前景，但他们到底还是立足于中国当下政治及社会改造的思想者，没有尝试着去把这种理想主张具体化。但整个 20 世纪一二十年代，中国还有大批真正致力于用社会主义，特别是用无政府主义思想来改造中国与世界的实践者。

中国最早开始介绍宣传无政府主义主张的，大概要算马叙伦、张继等人了。

马叙伦 1903 年依据日本社会主义者幸德秋水的论述写过一篇题为《二十世纪之新主义》的文章，狂热鼓吹无政府主义“直与佛氏涅槃、孔氏太平、耶氏天国无以异”；称“其宗旨高，其识见卓，其希望伟，帝国主义遇之而却步，民族主义遭之而退走”；说“彼不仅希望于一国，而普望于全世界；彼不仅希望于一己，而普望于全人类”。故在世界各种主义中，“无政府主义独能均贫富贵贱老稚男女而一熔之”。因此他认为：如果

18、19 世纪民族主义盛行的话，那么 20 世纪必然会是“无政府党执牛耳握霸权主盟全球之时代”。

张继外语能力强，他这时不仅翻译了《无政府主义》一书，还具体介绍了西方无政府主义的由来及其各种思想流派。他举 1881 年世界无政府党大会的宣言告称：无政府主义主张共产，主张人类依互助而得生活，靠自治以求结合，旨在使世间再无贵贱强弱之别，人人平等、自由。为此，无政府主义认为必须废除一切私产、专权和法律制度，并向一切地主、厂主、君主、僧侣、官吏、军人、侦探及其彼等所借以藏身之政府和国家宣战。

中国信奉无政府主义者在辛亥革命前形成了两股势力。多数在日本，以刘师培、何震夫妇等人为主，在日本无政府主义者帮助下，成立社会主义讲习会，公开倡言：“吾辈宗旨，不仅以实现社会主义为止，乃以无政府为目的者也。”另一部分人，以去法国的张继、吴稚晖、李石曾等为主，一度加入了法国无政府主义者创办的“鹰山共产村”，与“同志十余人，国籍七八种”，实践了一段“各尽所能，各取所需”的半工半农的生活。因而，他们更强调依照主义去具体实践，即要入工厂、下农村、去兵营，从贫民窟开始打下革命的基础。

反政治、反政府、反权力、废国家，宣扬共产制度和世界大同的无政府主义主张，无论辛亥革命成功前或成功后，都不免会为政府所禁止。但即便如此，仍有相当多知识分子在努力坚持或实践。为此，辛亥革命后就有公开声言“反政府”、“无国界”、“消灭阶级”、“实行共产”的社会党领导人沙淦、陈翼龙等，分别被政府杀害于江苏、北京等地。

但是，政府对无政府主义运动的镇压并没有起到太大的作用。相反，1913 年以后无政府主义的组织在中国生长迅速，追随无政府主义思想或被无政府主义主张吸引的人还越来越多了。特别是当刘师复先后发起成立了强调个人道德修养和互助生活的心社、晦鸣学社，以及无政府共产主义同志社后，在南方许多地方的青年学生、工人和军人中，都产生了重要的影响。刘师复解释得很明白：“无政府之字面为反对政府，而含义则为反对强权。”“无政府共产主义者何？主张灭除资本制度，改造共产社会，且不用政府统治者也。”他指出：无政府共产主义革命一方面要以世界革命为出发点，一方面要准备牺牲二十年之时光，不屈不挠，前仆后继，竭力传播主义于平民之多数中。如此，将来一旦起事，或数国合举，或一国先举其余各国群起响应，才能一举成功。

仅 1914 年无政府共产主义同志社宣告成立后，便先后在广州、上海、南京、常熟、香港等地建立起了自己的分社。尽管不到一年后刘师复就因病去世，但他的影响仍在延续中，特别是 1917 年俄国共产革命成功后，中国各地一度又产生了更多的组织，进而在随后的五四运动中影响了更多的青年。像湖北的恽代英、湖南的毛泽东、天津的周恩来等，都曾一度受到无政府主义的吸引和影响，传播或实践过无政府主义的一些思想主张。

恽代英、毛泽东，包括李大钊等这时都深受俄国无政府主义思想家克鲁泡特金的互助进化的思想影响，或在武昌组织“互助社”，或在长沙设计岳麓新村，或积极撰文提倡“物心两面”、“灵肉一致的改造”，号召青年学生组织工读互助团或干脆直接到乡下去，过一种劳动互助的“新生活”。毛泽东这时认为克鲁泡特金的思想要比马克思“更广、更深远”，因为他们“鄙弃爱国”，“鄙弃某一部分一国家的私利”；“他们要联合地球做一国，联合人类做一家”。就连赞同民治主义的陈独秀这时也认为：“国家国家，吾人诚无之不足为忧，有之不足为喜。”毕竟，“恶国家甚于无国家”。

在五四运动期间，受到无政府主义思想影响在政治上发生作用最大的一位，还得提到曾经深为孙中山所倚重，一度控制着福建漳州和广州的粤军将领陈炯明。

陈炯明辛亥前曾是广东咨议局议员，1910 年 2 月广州新军起义失败后加入过刘师复领导的“支那暗杀团”。辛亥革命成功，陈炯明虽不赞成刘“不作官吏，不作议员，不当军警，不信宗教，不称姓，不婚姻”等道德主张，但对无政府主义的一些思想十分看重，其率粤军进驻福建漳州两年中，就曾尝试帮助推行过。刘的弟子陈秋霖、梁冰弦等都被他邀去办刊办报。陈炯明1920年打回广州后，他们又跟到广州来办刊办报。

在陈秋霖、梁冰弦等人创办的报刊上，许多文章都充斥着无政府主义的观点。如陈秋霖就曾撰文公开批评人们对一战胜利和五四新思潮的欢呼与肯定。他明白宣称：“第一，国家是战争的导火线”；“第二，国家是少数人压制多数人（的工具）”；“第三，国家是妨碍人类共同的生活（的障碍）”；“第四，国家是保护阶级制度（的压迫机器）”。人类有国家不过四千年的短时间，“拿进化的眼光来看，国家不过（是）社会进化一种过渡的组织”。“我不赞成爱国，就是因为今日爱国的只知有国家，不知有人类；因为不知有人类，所以只知自己国家的利益，不顾他国的利益，或者侵夺他国的利益。所以我反对爱国，一面是不赞成我侵夺（他）人的利益，一面又抵抗别人侵夺我的利益。”而人类只有废除国家，才能拿爱和自己同一土地上的人的感情，去爱其他的人，即无分别地去爱人类。

陈炯明受到无政府主义思想影响，最鲜明地表现在他关于应由“自治”而联邦的主张上。一切国民、一切村落、一切州县，均有自治之权，并应由此自由之结合一步步组织成世界联邦，这是巴枯宁无政府主义的一个重要观点。陈炯明这时亦开始形成类似主张。他主张以乡自治为基础，然后层层自治，组成亚洲联邦，最后合组无军备的万国联邦，以向“无国界、无种界、无人我界”的大同世界迈进。而此一建立在联乡、联区、联县、联省自治基础上的联邦主张，不免与孙中山以集权于一党一军来实现大一统的北伐计划发生了冲突。

结果显而易见，就像无政府主义运动很快就开始退潮一样，陈炯明的主张在中国民族主义运动的大潮下，也同样难成气候。

爱乡还是爱国？

2010年《看历史》杂志登出一篇文章，题目叫《三元里抗英斗争中鲜为人知的“汉奸”们》，讲的是1841年，即第一次鸦片战争期间广州发生三元里民众抗英斗争的同时，包括三元里在内，广州一带不少民众充当英国军队后援，或背送弹药，或刺探情报，或参与作战。

类似的说法和史实的披露早在上个世纪末就有了。说中国当年百姓“不知爱国”，不是什么特别的新闻，但具体到三元里，似可以吸引一些眼球。因为，今人或许很难理解：又说三元里民众当年英勇抗英，又说那里的民众曾帮助过英军，是怎么回事？

对于这个问题，早在1995年茅海建就做过解释。他在《天朝的崩溃》一书中，引用中、英、日多方史料，对中国大陆传统教科书所谓当年三元里民众激于爱国热情，自发抗英、保家卫国的说法，在史实上做了细致的辨正后说：中国几千年来不停地改朝换代，中国百姓早已习以为常，“谁当皇帝就给谁纳粮”。“满清的皇帝也未必比浮海东来的‘红毛’统治者，更为可亲可爱。”三元里民众本来对英人和清朝政府的冲突并不关心，之所以会转而抗英，不是为了帮朝廷，而是因为英军在当地开棺暴骨、抢掠财物、调戏妇女，使当地民众的基本利益受到了侵犯。他指出：在当时条件下，“许多人还意识不到民族利益、国家利益之存在”。讲三元里发生过民众抗英斗争是事实，但“三元里等处民众进行的是一次保卫家园的战斗，而不是投身于一场保卫祖国的战争”。

对此，也有人从家国同构的视角，表示了不同意见。他们认为，保乡即等于保国，维护传统文化，就等于热爱中华国家。只要三元里抗英有助于凝聚民心、分清夷夏，客观上就具有爱国的性质。

这种认识也未必毫无道理，但乡与国毕竟还不是一回事。旁的不论，至少大清国原本就是满族强权所立，其军事力量一路由北向南杀戮侵犯而来，南方众多士绅乡民曾广泛抵抗。头面官绅大部投降后，民间“反清复明”的暗流依然存在。直到鸦片战争前后，闽、粤、桂、湘诸省民间社会与清廷所代表的国家政权之间的关系，始终处在一种十分复杂微妙的状态。

稍有风吹草动，便可能造成针对清廷的反叛之举。

古代中国，不仅是一个十里不同音、百里不同俗的落后的农业社会，而且还是一个以个体小农经济为主的社会。人们习惯于各扫门前雪，很容易走到鸡犬之声相闻、老死不相往来的境地。一个皇帝、若干朝臣、一众官吏，很容易对数亿民众实施统治。但是，相对于北方而言，南方的情况却多少有所不同。

自古以来，地处中原的汉族政权屡受北方游牧民族入侵，不断有不肯屈服的中原汉人渐次南下。一方面，南方的自然地理环境较中原地区复杂，那里的人们更习惯结群而居，基层社会中血亲族群关系的纽带作用较强；另一方面，南下汉人自身传统文化意识浓厚，亦较倔强。影响到后来，越往南方，越不易被外来的中央政权降服和同化，中原传统文化留存下来的成分也越多。

林语堂对包括三元里民众在内的广东人还有一种评价。他说，广东人是中国古代南方吃蛇的土著与南下中原文化的“强烈混合物”，一方面迷信鬼神、恪守传统，一方面又冒险好斗、顽强彪悍。这也使得广东人在维护自身利益和自身文化方面，容易表现得较其他地方更激烈。特别是底层民众，往往只有乡土情结。谁当皇帝，与他无关；伤害了本乡本土的利益，任谁也要反。

从历史上看，当年清军南下打下广州后，就有不少抵抗失败的广东人不愿屈服外族统治，沿着海岸退到了越南，之后进至东南亚各地。与此同时，闽南失守，不少福建人也选择流亡，渡海去了菲律宾和印尼等地。此后还有不少海南岛人和成批的客家人，也不堪忍受清朝的统治，迁徙到东南亚去了。

据东南亚史专家本尼迪克特·安德森（Benedict Anderson）说，17 世纪以前或以后，大批跑到东南亚去的华侨，从来只认自己的省籍或族裔，比如只知道自己是广东人、福建人、客家人等，很少清楚或在意自己的国家归属。即使东南亚的殖民当局会把他们视为“中国人”，他们看自己也依然如故，始终各有各的会馆或同乡会，各自经营各自的行业。比如，在曼谷，“97% 的典当商铺属于潮州人，他们还控制了 70% 的大米贸易和 90% 的中医业。美容业中 50% 的生意由海南人经营，59% 的机械工场由广东人掌握，90% 的造纸业在客家人的控制下”。

留在广东当地没有离开的广东人，即使经过了两百多年，和清政府的关系仍会紧张。除了前文提到的现象外，清朝官员的奏折中也有不少这方面的记述。如第二次鸦片战争后出任广东巡抚的郭嵩焘，就曾向朝廷诉苦称：广东一些地方的“百姓习以械斗，日以兵刃相接”，“富乡大族，均各筑立土城，广置炮火，以劫掠为事”。“地方官征求钱粮，动须募勇下乡。力胜则尚能催征三四成，力不胜则通县钱粮皆抗不完纳。”

爱乡不爱国，这在农业社会中是一种司空见惯的现象。不唯近代中国底层社会如此，即便前工业时代的欧洲也是一样。欧洲中世纪长期通行的是领主制经济，又称封建庄园制度。农民依附于土地和领主，领地分封或划分又是阶梯状的，“我的附属的附属不是我的附属”。国家实际上是由各地区的大领主们分别治理，国王只是个象征，最多也就是更大些的领主罢了，但下面的领主们并不都对国王或国家负责。反过来，农民和领主及土地的关系，却捆得很紧，一损俱损，一荣俱荣。因此，农民热爱的是自己的土地，效忠的是自己的领主，对更大范围的国家，既很少认识，也无从产生感情。

在乡土环境中生活的人，熟悉的是费孝通所说的那种“熟人社会”的规则。大家乡里乡亲，抬头不见低头见，互帮互助，一切道德、规矩都是既定的、习以为常的，因而人与人之间不仅关系简单，而且相互信任。不过，随着商品经济日渐繁盛，人口流动加快，城市迅速发展起来，大量农村人口流入到满是陌生人、连话都听不懂的城市后，不可避免地会在城市中建立小的熟人社会圈子。历史上最早的同乡会组织，就形成于欧洲中世纪早期大学城开始兴起的时候。11 世纪起家的巴黎大学、博洛尼亚大学，来自欧洲各处的青年学生及学者，为便于解决个人无力解决的种种问题，就自发地组织了许多“同乡会”。在 18、19 世纪欧美移民潮兴盛期间，类似的同乡会也都曾大量出现。

在中国，成规模的同乡组织，在明朝就已经出现了。当时的主要形式是冠以地方名头的各种“会馆”，为来到城里的同乡提供一个聚会交往的处所。清末，地方自治之风吹起，政府管制稍松，特别是在留学海外的青年中间，具有互助性质的同乡会之类的组织也大量涌现出来。

但是，进入到 20 世纪初年，民族主义思想浩浩荡荡，“民族建国问题”，即建设一个具有现代民族国家性质的新中国的问题，首先摆在海内外所有关心中国命运的知识人面前。同乡观念、同乡组织，以及越来越流行的以一地、一省、一族为利益共同体的做法，却明显地会强化甚至拉大地方省籍族群间、地方与中央间的隔阂，直接或间接地影响到了近代中国作为一个统一的民族国家的形成过程。

晚清年间，基于一省或一地之利益，与清廷所代表的国家利益矛盾冲突的情况，已经频频发生。太平天国引发的危机，极大地破坏了作为清朝中央集权主要支柱的财政与军事体制，地方督抚的权力地位迅速膨胀。甲午战争后，以进一步放权为基础的各种新政陆续出台，地方不仅控制了大部分厘金，而且实际掌握了军队，控制了工商厂矿与铁路的兴建。接下来的庚子之变，引发了更大的权力危机。唐才常等以“勤王”为名，志在“创造新自立国”的自立军起义；两江、湖广及两广总督等拒绝听从清廷之命，实行“东南互保”，与列强媾和，都在在反映出地方各阶层新的利益需要，正推动着南方各省迈上“准备自立变政”的道路。

《辛丑条约》签订后，各地汉人对清廷的统治及其政策已愈发不信任。因此，在海内外华人中，除了民族主义情绪高涨外，“无论立宪、革命两派的志士，都有将来须仿效联邦制度的设想”。孙中山、梁启超都主张学美国或德国的联邦制，先搞地方自治。梁公开声称：欲建一“完全之国家”，理当“博采文明各国地方之制，省省府府，州州县县，乡乡市市，各为团体，因其地宜以立法律，从其民欲以施政令”。

欧美联邦制经验，不仅对国内地方自治运动起了重要的催化作用，也进一步刺激了以乡土情结为基础的自立思想。

1902年，与梁启超一道亡日的广东人欧榘甲出版了题为《新广东》的小册子，公开主张：“广东者，广东人之广东。”称“广东人实为广东地主，则广东之政权、财权、兵权、教育权、警察权、铁路矿山权、土地所有权、森林权、海权，莫不宜自操而自理之，以广东之人，办广东之事，筑成广东自立之势，以建全中国自立之起点”。

1903年，留日学生杨笃生撰《新湖南》一文，响应欧榘甲的《新广东》，提出：“湖南者，吾辈之家室也”；“湖南者，吾湖南人之湖南也”。他声称：“欲新中国必新湖南。”欲新湖南，只有“独立”之一法，即应“辟湖南巡抚衙门为独立之政府，开独立之议政院，选独立之国会员，制定独立之宪法，组织独立之机关，扩张独立之主权”。

此种以省为单位，“自治”、“自立”甚至“独立”的呼号、宣传，产生了很大的影响。国人乡土观念、省籍情结、地方主义迅速膨胀发酵。影响到留日学生，不仅多以省籍或地方为基础结成同乡会，而且多以省籍为结合出版杂志，宣传具有地方意识的政治主张。

当然，与早年流亡东南亚的华侨不同，这个时候的留日学生直接面对的是汹涌的民族主义思想浪潮，他们不可能不清楚自己的国家归属，也不能无视地方与国家的依存关系。无论是欧榘甲还是杨笃生，其实都肯定地承认说：严格省界，推动自立，根本目的还是要使全中国像日耳曼或美国那样，能够有自立之一日。

为什么爱国、建国先要从爱乡并从地方自治做起呢？1903年旅日江苏同乡会成立时，对此回答得很坦然：“爱国必自爱乡起。”直隶宣化同乡会成立时，也这样说，宣言称：“爱乡心者，爱国心之母也。我宣人皆爱我宣，则我国人皆爱我国矣。”

把国家按地区分成你一块、我一块，各管各的，不会造成隔阂与分裂吗？学生们的看法恰恰相反。他们宣称：其一，“大一省之地，必有独立之精神，然后可以救其地之人”。其二，“他省虽有热心办事者，不能借箸代筹”。平时全不熟习他省、他府、他县之外省、外府、外县人，纵具热心，亦不能为他省、他府、他县谋独立自营之事业。其三，“各国革新，无不从地方自治起，使人人知省界”，使“人人自卫其乡”。

一个连家乡都不爱的人能够爱国，这确实值得怀疑。但是，说爱乡就会爱国，就我们经过的历史来看，至少也没有那么肯定。

“国民国家”的流失

不少中国大陆的学者对“民族国家”这一概念不以为然，因为，这一概念把现代国家与古代国家做了严格的切分，不承认“自古以来”。当今世界二百多个国家，绝大多数和古代国家没有衣钵相承的关系，这一点无人能够否认，但他们相信，至少中国不是这种情况。比较而言，中国怕是世界上自古以来香火传承从未间断过的独一无二的民族和国家，包括一些习惯用西方观念思考问题的大陆学者，有时也跳不出这样的思维困境。有学者就创造了两相结合但却是中国式的解读法。他们提出：中国民族国家的形成史比西方早得多。因为，西方的现代国家不过开始形成于 18 世纪前后，而中国早在一千多年以前的宋代就已经形成了民族主义意识形态，并开始“走向国境清晰、认同明确、民族同一的汉族民族国家”的建立过程了。中国没有成为世界上最早的现代国家，原因是蒙古和满族接连入主中原和王朝统治，使得它“向‘民族国家’转化这一过程变得相当曲折，而且呈现出与欧洲近代绝不相同的国家建构路径”。但是，在他们看来，这一过程虽然曲折，并没有中断，最终还得以在清朝更大的版图上完成了向现代民族国家的转化。

应该指出，人们之所以常常分不清现代国家和古代国家的区别，有不少是没有能准确地解读和使用“民族国家”这一概念。“民族国家”的英文原词是 nation state，其中 nation 一词的译和解又最容易引发争议和误读。把它翻译理解为“民族”并非不对，因为就其词源及其众多使用来说，nation 的确应该理解为“民族”。但把它和 state 结合起来使用，特指 18 世纪以后形成的现代主权国家，其含义就已经有所变化。对照 1789 年颁布的代表着现代主权国家形成重要标志的法国《人权和公民权宣言》第三条“The principle of all sovereignty resides essentially in the nation”的这句话，可以清楚地看出这里的 nation 并不是指“民族”，而是特指“国民”（整体），旨在强调主权归属全体国民。而这也恰恰是现代国家根本区别于古代国家之所在。

当然，考诸历史，欧美民族国家的形成过程也是一国一样或一波三折，有的重国民认同，有的重民族归属，有时强调前者，有时又强调后者。按照本尼迪克特·安德森的归纳，即使是欧美的民族主义至少也经历过三四个浪潮。简而言之，最初美洲殖民地民族解放运动兴起时，并不重视基于族群属性的文化认同，强调的是基于国民主权意识的国家政治认同；18 世纪前后欧洲民族主义的兴起，政治认同和文化认同开始同时并重；19 世纪下半期至 20 世纪初，群众性民族主义兴起，开始强调文化认同，出现了“一个民族一个国家”的种族民族主义倾向。特别是随着越来越多落后地区的族群也大批加入到民族独立和民族解放的浪潮中来，并借助于民族自决的国际准则，建成为一个个并无国民主权实质，却同样享受着平等主权地位的新国家，这就使得后来众多西方学者在这一问题上也多少有点找不着北了。

在这方面，比较一下 19 世纪中前期和 20 世纪初的中日启蒙思想家的主张，也能够发现两者之间的不同。事实上，对于 19 世纪仍旧身处古代国家地位的中国和日本来说，要想迈向现代国家的进程，首先就要从思想启蒙即个人权利意识的了解和养成开始起步。也正因为这种情况，日本启蒙思想家多半一开始就直接将 nation state 译为“国民国家”，而非“民族国家”。他们并纷纷倡言这才是西方现代政治的本质所在，日本亦应以创设“天赋人权”、“民为国本”的“国民国家”作为奋斗目标。

中国的思想启蒙运动起步晚于日本，但受到西方和日本启蒙思想影响后，最初先进的知识分子和青年学生也一致着眼于宣传鼓吹国民的权利意识以及国民的权利地位。所谓“国者积民而成”，“国为人民公产”，“国之本在于民”，“国家之主人为谁，即一国之民是也”之类的思想主张和理论介绍，比比皆是。辛亥革命后，中国无论革命派、改良派，大家都赞同推翻帝制，主张定国号为“民国”，一致公开承诺“中华民国之主权属于国民全体”，与此不无关系。

但是，中国的启蒙思想家主要是在 20 世纪初才开始接触欧美启蒙思想的，比日本明治维新时期思想启蒙阶段晚了二三十年。而这个时候不仅西方流行的民族主义已经转向“一个民族一个国家”的文化民族主义，而且日本的主流思想也开始转向这种文化民族主义，强调个人服从国家。中国人受马关、辛丑割地赔款条约及日俄战争的刺激，加以对清朝统治的敌视，也很容易地将 nation 一词中“人民主权”的含义轻轻放下，转去拥抱其“民族”的内涵。故中国的启蒙阶段尚未开始，就已经转向民族革命去了。

只不过，形势比人强。和欧美诸多民族国家形成的历史类似，经历过一段启蒙的日本，也没有能够顺利走上创建现代主权国家的道路。在殖民主义和帝国主义盛行的时代，迅速崛起的日本几乎是不可避免地随着文化民族主义的大潮，加入到帝国主义甚至是军国主义的行列中去了，而因清帝国消亡群龙无首的中国，却反而因这种文化民族主义观念促成的辛亥革命，一度跌入谷底，摔成了一片瓦砾。中国之所以一度还能维系着一种看似一体的局面，很大程度上只是因其体积过于庞大，几乎没有哪个老牌帝国主义国家能够一口吞下去，新兴的日本亦暂时无此实力，因而列强政府最终不得不妥协于美国提出的对华政策，即实行“门户开放，利益均沾”。

大，是中国之福，也是中国之祸。因为大，19 世纪至 20 世纪之交几十年间，中国躲过了被某个列强吞并或被某些列强瓜分的悲剧命运；也因为大，中国原本就民族混杂交融，形不成单一民族国家，且现代民族主义所包含的政治认同，即人民主权和国民权利的诉求，还会进一步刺激并扩大其内部各种利益群体之间的张力。

辛亥革命后，中国所以会迅速四分五裂，除了传统大一统的皇权统治不复存在外，一个重要原因，是 19 世纪末以来十多年的思想启蒙运动，再加上清末地方自治的推行，使得各地绅商、官僚，特别是新兴的知识分子，纷纷开始张扬自身的权利意识，并据此为自己争权夺利。

武昌起义后，黎元洪出任中华民国武昌都督府都督。他通电邀请各省派遣代表到武昌会商，其电文中最突出一条提议，就是要求分权，“建立联邦国家”。

武昌首义后，各省相继宣布独立，也纷纷提出建立联邦制的主张。浙督汤寿潜、江督程德全及沪督陈其美所发通电，亦明白宣称：“美利坚合众国之制，当为吾国他日之模范。”

更具体的提议可见于山东省咨议局的通电中，它甚至明确主张：今后中国必须为联邦政体；各省咨议局得自由拟定本省宪法；各省县官制及地方税皆由各省自定，政府不得干涉；各省有练兵保卫自治之权利。

早在 1894 年创建兴中会时就主张学美国“建立合众政府”的孙中山，这时正急着赶回国来。他在法国动身前夕，公开发表谈话，主张的也是学美国建联邦。他提出：“中国革命之目的，系欲建立共和政府，效法美国。除此之外，无论何项政体皆不宜于中国，因中国省份过多，人种复杂之故，美国共和政体甚合中国之用。”

但是，真的站在了中央政府的立场上，却没有谁会真的主张联邦制了。早先宣传主张过联邦制的思想家们，也大都转取了反对的态度。尤其是梁启超，1912 年底回国前，他就公开撰文反对联邦制了。他尤其为中国大一统不复的前景忧心忡忡。在他看来，已有两千年大一统传统的中国，本无搞联邦之必要，且在国际格局之下，任何联邦制的尝试都可能带来国家分裂的危险。

于 1912 年 1 月 1 日出任中华民国临时大总统之后，孙中山的看法其实也变了。就像史扶邻所描述的：“在此后数月里，他主持一个软弱无力、财政拮据的临时政府。省一级以下自发地背弃清王朝的军队根本不听他的指挥。地方上的军事首领及权贵，不仅拒绝接受清王朝的指令，也抵制任何强有力的中央集权政府。”面对于此，他虽不能公开反对联邦制，却也再未主张过联邦制了。

孙中山的彻底转向，是在 1913 年与袁世凯政府闹翻后。转而反联邦制，固然是为了革命集权的需要，但他却因此连自己过去的民权主张都改变了。他开始宣称：今后绝不能如过去一样，将全国人都一体视为“国民”，凡不真心赞成共和而宣誓注册者，即不得享有“国民”资格。

1914 年夏，孙组建中华革命党，其制定的总章等对此更有明文规定称：

“凡进本党者必须以牺牲一己之身命、自由、权利而图革命之成功为条件，立约宣誓，永久遵守。”

“凡于革命军未起义之前进党者，名为首义党员；凡于革命军起义之后、革命政府成立以前进党者，名为协助党员；凡于革命政府成立之后进党者，名曰普通党员。”

“革命成功之日，首义党员悉隶为元勋公民，得一切参政、执政之优先权利；协助党员得隶为有功公民，能得选举及被选举权利；普通党员得隶为先进公民，享有选举权利。”

“凡非党员在革命时期之内，不得有公民资格。”在革命期间主动出资者例外，“凡出资千元者，照党员例，享有公民权；出资万元者，政府认为公民代表，参与政事，组织国会”。

这个时候，对一般人民的国民资格，孙中山还有所承诺，称宪法颁布之后，当可从宪法而获得之。但思想上，孙对此其实并不重视，故1924年国民党一大召开时，由他审定的大会宣言就变成另一种说法了。宣言公开否定了“天赋人权”说，强调“民国之民权，惟民国之国民乃能享之”。何人可以成为国民呢？只是那些赞同和拥护其革命者。“凡卖国罔民以效忠于帝国主义及军阀者，无论其为团体或个人，皆不能享有此等自由及权利。”

孙中山不了解现代国家与古代国家的本质区别吗？未必。比如，他一向喜欢讲这样一句话，即：“世界潮流，浩浩荡荡，顺之者昌，逆之者亡。”对于这个“世界潮流”，他也讲得很明白，主要就是：“由神权流到君权，由君权流到民权；现在流到了民权，便没有方法可以反抗。”

问题是，孙中山到底还是在中国传统文化熏陶下成长起来的一个中国人。他接受了一些西方的思想文化，却并不能真正认识到自由、平等、人权的现代意义和价值。他的思想观念事实上还停留在柏拉图式的整体主义的发展阶段，还没有完全进化到现代社会以个人主义为基础的集体主义的发展阶段。因此，其思想观念中才会生成不少类似于柏拉图观念的看法。

比如，像柏拉图相信只有像自己这样具有超人的知识能力的“哲学王”，才能领导城邦国家一样，他也认定人生来就有优劣高低之分。只是他的区分方法是认为，人在知识能力上可划分为三类：“先知先觉”、“后知后觉”和“不知不觉”。社会的进步，只能靠那些“先知先觉”者提出思想、制订方案，灌输给部分“后知后觉”者，再由他们去领导大批生生世世都“不知不觉”者去冲锋陷阵。因此，他明确提出，要成就革命事业，就必须要把权力全部集中到“先知先觉”者，亦即像他这样独一无二的领袖手里，建立领袖个人专断体制，不能搞什么平等。他明确讲，“非服从我不行”，因为“除我外，无革命导师”。

再如，像柏拉图一样，他也认定整体的利益高于一切，个人自由对于整体有害无益。他明确认为，离开国家民族整体讲个人权利和自由，是错误的。因为，“个人有自由，则团体无自由”。他特别强调：“在今天，自由这个名词……万不可再用到个人上去，要用到国家上去。个人不可太过自由，国家要得完全自由。到了国家能够行动自由，中国便是强盛的国家。”他指出，在中国学欧美去喊什么争自由、争权利，不仅是盲从，而且是莫名其妙！国人从来是一片散沙，原因就是“自由太多，没有团体，没有抵抗力，成一片散沙。因为是一片散沙，所以受外国帝国主义的侵略”。因此，他宣称：“我们需要的不是自由而是纪律，为此我们要掺加水和士敏土，变成很坚固的团体。”中国革命必须以统一而非以自由为奋斗目标。

人类的历史，越现代就越加复杂。同样活在现代，同样构建现代国家，同样叫共和、叫民国，却总有许多把国民主权抽空去，只留下一个在国际上有领土、有主权地位的“民族国家”的空壳。后来那个继承了孙中山遗志的中华民国领袖蒋介石，也是这样告诉他的人民的：“如果我们个人要讲自由，国家民族便要受人家的压迫！”

“恶国家甚于无国家”

自近代欧洲民族主义逐渐兴起，民族国家一个个拔地而起，前后不过一百年左右时间，世界上众多落后民族，或先或后，几乎都与欧美发达国家在国权平等问题上，站到同一起跑线上来了。但是，就像汉斯·摩根索（Hans J. Morgenthau）说过的那样，现代民族主义其实具有两方面的功效，或者可以说是一把双刃剑。它固然提供给了世界上各种族群以自由、自决的强大思想武器，同时也在一切族群、民族、国家的人心中播下了自由、平等思想的种子，为权利平等、人民主权观念提供了政治合法性基础。

对于西方发达国家来说，个人自由、权利平等，通过一人一票的选举制和议会制来监督政府，形成社会公意和政治认同，其实是资本主义自由市场制度形成发展的一种合乎逻辑的进化产物，是确保自由贸易、平等交换原则畅行无阻的政治法律保障。而对那些远不具备资本主义经济发展基础，没有可能在农业社会，甚至游牧社会的基础上一步建起民主政治的空中楼阁的落后民族或国家来说，这种民族主义思想的冲击与影响，所带来的效果就注定会是多向度的。一方面，它很容易点着落后族群要求独立的火焰，催生其民族自决的强烈冲动；另一方面，它也不可避免地会刺激起落后民族和国家中知识分子的权利意识、自由思想，以及人民主权的各种政治诉求，因而在相当程度上分化那里的民族主义运动。

民族主义思想观念在中国的传播就造成了这种巨大的张力，甚至 20 世纪许多知识分子自身思想的发展过程，就发生过这种分裂的情况。

中国近代启蒙思想家梁启超就是最典型的“不惜以今日之我与昨日之我战”的代表。他可以说是最早在中国系统介绍传播民族主义、爱国主义思想的人了。他从一开始就清楚地意识到，今日西方所谓之“国”，并非中国古代之国；20 世纪所谓的“民族”，与传统中华之民族也不可同日而语。当今所谓“民族主义”，实为“国民主义”。“国者何？积民而成也。国政者何？民自治其事也。爱国者何？民自爱其身也。”凡压迫钳制民权者无异于“自弃其国”。故现代之国，民权兴，则国权立；人民自由，国家才能真自由。

但是，介绍西方民权思想是一回事，想把它应用到中国的现实政治中来，就不能不遭遇无穷之烦恼了。尤其是梁启超于辛亥革命后兴冲冲地回到国内准备大干一番时，先是孙中山一派人很快再度揭旗革命，接着袁世凯政府乘机解散了国会，而且还蠢蠢于复辟帝制。在接连碰壁之后，他终于忍不住在1915 年写下一篇题为《痛定罪言》的长文，一一列举出当今中国官府之专制、官吏之腐败、人民之悲苦、社会之黑暗的乱象，痛陈“吾不知有国之优于无国者果何在也”？他坦承自己的政治抱负面临着一个严酷的客观现实，即“凡东西各国一切良法美意，一入吾国而无不为万弊之丛”。他显然不明白问题的根结所在，只是一方面公开质疑：这样的国让人如何去爱？一方面大声发问道：“中国人是否尚有统治自国之能力？”

同样，另一位也曾暴得大名、后来居上的启蒙思想家陈独秀，与梁启超也几乎有着相同的看法与困惑。

陈固然仅小梁五六岁，其接触、学习西方启蒙思想的过程却与梁差了将近一代人时间。一些研究者甚至认为，他开始踏上政治这条路的时候，根本就是“康党”中人。因为陈早期在政治上确曾同情过康有为、梁启超一派的主张，故他最初获得的民族国家观念，也确实深受梁的思想影响。像他早年所谈的“国家乃是全国人的大家”、“人人有应当尽力于这大家的大义”之类的观点，一个国家必须有一定的领土、人民和主权，“这主权原是归全国国民所共有”，任何人不得侵犯，以及他相信的“通古斯族”（满族）也是全国四大族之一等观点，都可以从梁启超当年在日本办的《清议报》《新民丛报》的文字中找到源头。这或许也是面对辛亥革命后之乱象，陈独秀和梁启超会有近乎一致的感触与看法的重要原因。两者之间的不同多半只是在于，陈独秀对现实政治的那种绝望心情，要比梁启超更敏感，也更激烈、更彻底罢了。

说陈独秀比梁启超更敏感，是因为早在梁文发表一年前，他就对袁政府“百政俱废”、“繁刑苛税”、“生机断绝”，乃至打算复辟帝制的情况，看得清清楚楚了。其随后写下的《爱国心与自觉心》一文，也比梁文早发表了半年时间。

说陈独秀的观点比梁启超更激烈、更彻底，是因为梁启超质疑爱国，还只停留在无可奈何的情绪宣泄层面。他固然痛陈“官僚蠹国”、“党人病国”和政府可恶，斥骂那些全靠国家豢养，却“学无专长”、“事无专业”，又实为官僚、党人和政府后备军的“士大夫”们，末了却不能不仍旧指望这些扶不起来的阿斗，能够“自新”、“革面”，“然后国事始有所寄”。

陈独秀则不然，他从一开始就从内心里看透了政府及“士大夫”们鼓吹、提倡的“爱国”之虚伪，以致忿忿然相信：今日“国人唯一之希望，外人之分割耳”。

比较十年前陈独秀常常表现得慷慨激昂、热血贲张的爱国救亡言论，此时的陈独秀显然已开始进入一种思考的状态中来了。辛亥功成，民国确立，不过两三年就闹成如此局面，验之以人民主权思想，他再清楚不过地看到了自己以前的幼稚与无理性。

他开篇即声言：“爱国心为立国之要素”，没有谁会反对爱国。问题是，“人民何故必建设国家，其目的在保障权利，共谋幸福，斯为成立国家之精神”。但古代中国，“号为建设国家者凡数十次，皆未尝为吾人谋福利，且为戕害吾人福利之蟊贼”。“即有圣君贤相，发政施仁，亦为其福祚攸长之计，决非以国民之幸福与权利为准的也。”今日中国，“贪吏展牙于都邑，盗贼接踵于国中，法令从心，冤狱山积，交通梗塞，水旱仍天”；“敌视异己如故也，耀兵残民如故也，漠视法治如故也，紊乱财政如故也，奋私无纪殆更有甚焉”。吾民何辜，“非留此屠戮人民之国家以为罚而莫可赎耶”？

陈独秀的逻辑很简单：“保民之国家，爱之宜也；残民之国家，爱之也何居？”“若而国家实无立国之必要，更无爱国之可言。过昵感情，侈言爱国，而其知识首不足理解国家为何物者，其爱之也愈殷，其愚也益甚。”

围绕着陈独秀此文，研究者们的解说林林总总，但迄今为止，似还鲜有人正视其关于“恶国家甚于无国家”和“亡国之民未必苦于有国之民”的说法。甚至有学者说，对于陈独秀所谓“国人唯一之希望，外人之分割耳”的说法，大可不必当真，因为那大概只是陈对形势的一种判断罢了。

然而，如果我们要读懂陈独秀为什么从此竟渐渐走上了一条与梁启超完全不同的政治道路，就不能故意无视或曲解陈独秀此文中表现出来的反民族主义，尤其是反国家主义的思想倾向。

必须肯定的是，陈独秀此时对人民主权思想的了解还较肤浅。文章所谈种种，与其说在强调现实政治当中民权不兴的恶果，倒不如说是站在传统儒学恤民救民思想基础上，探讨减轻人民痛苦的妥协之法。也因此，他才会甘冒天下之大不韪，去大谈特谈中国当亡的道理和逻辑。

他解释说：“亡国为奴，何事可怖？”凡不能保障人民权利、谋人民幸福的国家，“存之无所荣，亡之无所惜”。比如印度、朝鲜，虽殖民于英、日，至少归于法治之下，“百政具兴，盗贼敛迹，讼狱不稽，尤为其民莫大之福”。像枭雄争于朝、地主虐于野的墨西哥，如能附于美，亦可知“其人民自由幸福，必远胜于今日”。当下中国，“以吾土地之广，惟租界居民得以安宁自由。是以辛亥京津之变，癸丑南京之役，人民咸以其地不立化为夷场为憾。此非京、津、江南人之无爱国心也，国家实不能保民而致其爱”。若强以爱国，适足祸民，届时“海外之师至，吾民必且有垂涕而迎之者矣”。

不难看出，陈独秀认定“恶国家甚于无国家”，亡国未必比有国好，其出发点只是基于人民福祉的考量。但这个时候的他，内心仍颇纠结。他在文中不能不再三强调：“吾人非咒尔亡”，亡国为奴亦非国人所愿。之所以非走这步不可，实在是因为“民无建国之力”。和梁启超一样，他相信：“今吾国之患，非独在政府。国民之智力，由面面观之，能否建设国家于二十世纪……诚不能无所怀疑。”

相信“民无建国之力”，多半也正是陈独秀随后下大力气创办《青年杂志》的目的。他明确讲：吾人深知国家之罪恶，且知国家终会退出历史舞台，但在当今世界民族国家林立的条件下，吾国民犹在散沙时代，故还不能不承认“国家主义，实为吾人目前自救之良方”。然而“近世之国家主义，乃民主的国家，非民奴的国家。民主国家，真国家也，国民之公产也，以人民为主人，以执政为公仆者也”。要在中国建立起这样的国家，只有靠青年“急起直追”，“脱蒙昧时代”，养成自主、自由之人格才有可能。更何况，人类未来进步发展必会趋于大同，国人非“若法兰西人”不可：“其执戈而为平等、博爱、自由战者，盖十人而八九焉。”

事实上，1914 年以后的陈独秀对民族主义、国家主义，甚至爱国主义，已经充满了怀疑。他坚信人类理应在自由、平等、博爱的原则下谋共同的生活。虽然置身言论界，陈独秀不能不就中国所面临的种种现实问题发表见解，但只要稍有机会，他还是会冒出反国家的尖刻意见。

1918年8月，在一篇随感而发的短论中，陈独秀就再度直言：“世界上真实有用的东西，自然应该尊重，应该崇拜；倘若本来是件无用的东西，只因人人尊重他，崇拜他，才算得有用，这班骗人的偶像倘不破坏，岂不教人永远上当么？”他直言，国家就是这样一种应该被破除废弃的“骗人的偶像”。“现在的人所以要保存这种偶像的缘故，不过是藉此对内拥护贵族财主的权利，对外侵害弱国小国的权利罢了。”“我想各国的人民若是渐渐都明白世界大同的真理，和真正和平的幸福，这种偶像就自然毫无用处了。”

1920年1月，陈独秀再度表示：今天有些“自命为新学家底人，开口一个国家，闭口一个爱国……我们断乎不可听这种恶魔底诱惑”。世界人和人本来都是一样的，没有什么根本的差别，“就因为国家这个名儿，才把全人类互相亲善底心情上挖了一道深沟，又砌上一层障壁，叫大家无故地猜忌起来。张爱张底国，李爱李底国家，你爱过来，我爱过去，只爱得头破血流，杀人遍地”。“其实大战以后，欧洲底明白人已经有了觉悟，想把这流血的陈年账簿烧去不用了；就是日本也有几个想烧流血账簿底明白人，武者小路先生就是其中底一个。中国人原来没有用这种账簿底习惯，现在想创立一本新的从第一页写起，怎么这样蠢笨！”

“武者小路”是日本人，深受托尔斯泰和平主义和泛劳动主义思想影响，因发起谋求劳动互助、共同生活的新村运动而得名；那“欧洲底明白人”，指的是一战中公开反对爱国主义，主张国际主义的俄德等国共产党。

1920 年，陈独秀自信终于找到可以彻底打破国家这一恶魔的方法了。与其眼看其撕裂人类社会，造成无穷尽的流血与压迫，何不自动、自觉，群起而争平等互助，或执戈为大同理想而战呢？

四海同胞主义

当今世界上的国家五花八门，许多古老民族裂变成为不同的国家，许多文化信仰及历史差异很大的族群却又结成为同一个国家。这里面的原因很明显，因为现代资本主义条件下所生成的国家不同于古代国家的一个重要关键，就在于它们大都受到欧洲启蒙思想的影响，并且是以自由、平等和权利观念为依托的。而欧洲启蒙思想的一个重要观点就是："人是目的"，国家只是为了人的自由和幸福而存在。

辛亥革命后的中国依旧处在一个重新建国的过程中。一方面，革命、动乱、分裂和战争此起彼伏；一方面，具有新兴资本主义性质的新型市民社会开始产生，国人中权利意识和国家意识的同时生长，不可避免地会带来社会震荡。最典型的就是五四新文化运动的启蒙之旅，与五四爱国运动的激情碰撞。

社会上两股思潮，一个主张人权至上，一个宣扬国权至上，两种观念明显地打起架来了。相信古老中国必须要像西方一样经历一场思想启蒙才有出路的李泽厚先生，即不无遗憾地对后来的结果表示惋惜。用他的话来说，“救亡压倒了启蒙”，应走的路没有走成。

但考诸史实，五四新文化运动的作用并没有随着五四爱国运动的骤起就失去了它的影响力。恰恰相反，对列强欺凌的不满，反而把部分中国思想舆论界和青年学生进一步推向了一种更激进的非民族主义、非国家主义的理想诉求。只要检索一下1919年初至1922年初两三年中全国两百多种主要报纸杂志和学生刊物，就可以很清楚地发现，紧随新文化运动而来的，并不是新的民族主义、国家主义，抑或爱国主义的思想高扬，反而是新一波批判资本主义、主张社会主义，乃至鼓吹无政府互助主义的思想传播热潮的到来。对于相当多有知识的国人而言，新文化运动所鼓吹的普遍人权、自由、平等的观念，已经开始演生出超国家、超民族的更激进的版本——“四海之内皆兄弟”。

当然，由于依旧生长在传统社会里的国人在不长的时间里受到了各种新思想的冲击，人们头脑中不免塞满了各色各样的东西。他们对现实问题的言论主张，亦不免会表现得东顾西盼，甚至常常会在转瞬之间便“以今日之我否定昨日之我”。要了解当年人们思想活跃多变的情况，我们不妨以当时刚过了二十五岁的毛泽东的思想激变来做一番考察。

1919 年 7 月 14 日，像当时各地许多亢奋的青年学子一样，在长沙的毛泽东也创办了一份杂志，叫《湘江评论》。他在创刊宣言中一上来就公开表示赞同“世界革命”和“人类解放”，声称：“自‘世界革命’的呼声大倡，‘人类解放’的运动猛进……这种潮流，任是什么力量，不能阻住；任是什么人物，不能不受他的软化。”各种改革，一言以蔽之，就是要打倒强权。唯打倒的方法，则必须是温和的。因为，“（一）我们承认强权者都是人，都是我们的同类。滥用强权，是他们不自觉的误谬与不幸，是旧社会旧思想传染他们遗害他们。（二）用强权打倒强权，结果仍然得到强权。不但自相矛盾，而且毫无效力”。所以，他“主张群众联合，向强权者为持续的‘忠告运动’，实行‘呼声革命’——面包的呼声、自由的呼声、平等的呼声——‘无血革命’。不至张起大扰乱，行那没效果的‘炸弹革命’、‘有血革命’”。

如何实现大联合并推动“忠告运动”、“呼声革命”呢？毛泽东紧接着连载了一篇题为《民众的大联合》的长文，详细阐述自己的主张。他说：“国家坏到了极处，人类苦到了极处，社会黑暗到了极处。”改造的方法非民众大联合不可。但“大联合必要从小联合入手”，各行各业先行各自组织起来，时机一到，携手同归，即可“一齐化成了抵抗贵族和资本家的健将”。他不忘提醒读者，一方面要相信民众大联合的奇幻效用，如“俄罗斯的貔貅十万，忽然将鹫旗易了红旗”；一方面要明白，学俄国不要学马克思一派人“‘以其人之道还治其人之身’的办法”，去同强权者“拼命的倒担”，应该要学无政府主义首领克鲁泡特金，讲助人而不害人。贵族、资本家只要回心向善，就不必杀他。他认为：“这派人的意思，更广、更深远。他们要联合地球做一国，联合人类做一家，和乐亲善……共臻盛世。”

这个时候的毛泽东，明显是力主温和改良的胡适的热心追随者，常常请胡适做指导。胡适提倡社会改造要从一点一滴做起，因此要多研究问题，少谈论主义，毛就很快响应，并在长沙组织了“问题研究会”。他拟就的研究章程，一下子就罗列了七十多个需要研究的重要问题。他也确实相信，那么多的国际问题、国内问题，尤其是众多涉及婚姻制度、家庭制度、国家制度等应否废弃，联邦制应否施行的大问题，不去下决心研究，就想要改造中国与世界，怕只能如盲人摸象，不知如何做起。

1936 年毛泽东在陕北保安的山沟里告诉美国记者斯诺说，这个时候的他，头脑中还只是一个大杂烩，“模糊地景仰‘十九世纪民主主义’、乌托邦主义和旧式的自由主义”，并倾向于社会主义、无政府主义。他没有提到的是，受过三十年传统文化的熏陶，他这时固然已经开始倾向于“四海同胞主义”，情感中却还多少抱有某种民族主义的情愫。在《民众的大联合》一文的最后，他曾写下这样一段自视为“怪话”的话，称：“我们中华民族原有伟大的能力，压迫愈深，反动愈大，蓄之既久，其发必速。我敢说一怪话，他日中华民族的改革，将较任何民族为彻底；中华民族的社会，将较任何民族为光明；中华民族的大联合，将较任何地域任何民族而先告成功！”

“我敢说一句怪话”，这透露出毛泽东也多少意识到，这样一种表述和他景仰的西方的种种主义，特别是他再三提到的克鲁泡特金“更广、更深远”的主张“联合地球做一国，联合人类做一家”的无政府主义，多少有那么一点不合调。也正因为如此，半年多之后，毛泽东就不再相信自己所说的那个大中华的好处了。

1919 年 12 月，毛泽东积极投身到湖南各界驱逐都督张敬尧的请愿活动中，也因此开始意识到，在中国现状下，湖南问题不可能得到切实的解决。他写信给曾在长沙一师做过他的老师的黎锦熙说：湖南的问题除非将来局势改变，变成美国的一州或德国的一邦，有独立的创设权，否则就只有等待中国问题之“根本解决”时才有解决的可能。现在“这样支支节节的向老虎口里讨碎肉”，是解决不了多少问题的。

半年后，张敬尧终于被逼离了湖南。毛泽东改造湖南的政治主张也基本成型，因而当即发表文章，提出“湖南的事，应由全体湖南人民自决之”。并声言：“不论是湖南人或非湖南人，凡是立意妨害湖南全体人民自决的，自然都是湖南的仇敌。”

湖南为什么非实行自决不可？毛随即在上海《申报》发表长文解释说：第一，“中国四千年来之政治，皆空架子、大规模、大办法。结果外强中干、上实下虚，上冠冕堂皇，下无聊腐败”。第二，“民国成立以来，名士伟人大闹其宪法、国会、总统制、内阁制，结果只有愈闹愈糟。何者？建层楼于沙渚，不待建成而楼已倒矣”。“以现状观察，中国二十年内无望民治之总建设。”故救湖南，唯湖南人耳。“非湖南人和在湖南地域无正当职业之人，不得与闻湖南事。”如“湖南自决自治”，能“自处如一百年前北美诸州中之一州，自办教育、自兴产业、自筑铁路、汽车路，充分发挥湖南人之精神”，必可“造一种湖南文明于湖南领域以内”。

提出湖南自决，自不免会引发要不要独立建国的讨论。9月3日，毛泽东撰长文承认他相信应该“反对‘大中华民国’，主张‘湖南共和国’”。其理由是：中国“号称共和民国，没有几个懂得‘甚么是共和’的国民，四万万人至少有三万万九千万不晓得写信看报，全国没有一条自主的铁路，不能办邮政，不能驾‘洋船’，不能经理食盐。十八省中像湖南、四川、广东、福建、浙江、湖北一类的省，通变成被征服省，屡践他人的马蹄，受害无极。这些果都是谁之罪呢？我敢说，是帝国之罪，是大国之罪，是‘在世界能够争存的国家必定是大国家’一种谬论的罪”。第一次世界大战过后，“现在我们知道，世界的大国多半瓦解了”，且“知道全国的总建设在一个[时]期内完全无望，最好办法是索性不谋总建设，索性分裂，去谋各省的分建设，实行‘各省人民自决主义’”。他明确宣称：中国“二十二行省、三特区、两藩地，合共二十七个地方，最好分为二十七国”。

为了推动湖南人觉悟、自决并建国，毛泽东在不到两个月的时间里先后发表了十几篇文章，大谈湖南及湖南人种种优越却受大中国之累不能发展发达之苦。在他看来，现今之国家，本为人民而存在，但能有益于一地之人民，当地之人民自有自治自决之理由。故要不要单独立国并不重要，最重要的是要建设一个“湖南人所欲的湖南”。

1920年代前后将近十年的时间里，不仅湖南，全国众多省份都掀起过要求自治甚或自决的政治风潮，史称“联省自治运动”。但有此主张者多半并未走到要求独立建国的程度上去，也因此，此一运动终未能改变当时南北两个中央政权主导下的统一国家的政治大势。毛虽再三撰文，公开声言“反对统一”，但响应者寥寥。具体到湖南省，围绕着谁来主导自治或自决，以及人民应享何种权利等问题，他们一派青年的意见，也不可避免地与主政的军政强人及中上层士绅的意志扞格冲突。

进入到11月下旬，毛泽东已经渐渐看出，自己的主张和努力起不了什么作用了。

11月25日，毛泽东在写给朋友的信中承认自己的努力已告失败。在他看来，“湖南人脑筋不清晰，无理想，无远计，几个月来，已看透了。政治界暮气已深，腐败已深，政治改良一涂（途），可谓绝无希望”。因此，他愤愤地表示说：今后“吾人惟有不理一切，另辟道路，另造环境一法”了。

不过五天后，毛泽东就又认定了他的新主张。他进一步写长信给留法的湖南新民学会的会友们，宣布自己将彻底摒弃爱国主义，转向主张“世界主义”的社会主义。他写道：我们的会务进行方针是“改造中国与世界”，“我们多数的会友，都倾向于世界主义。试看多数人鄙弃爱国，多数人鄙弃谋一部分一国家的私利而忘却人类全体的幸福的事，多数人都觉得自己是人类的一员，而不愿意更繁复的隶属于无意义之某一国家、某一家庭或某一宗教，而为其奴隶，就可以知道”。他断言：“这种世界主义，就是四海同胞主义，就是愿意自己好也愿意别人好的主义，也就是所谓社会主义。凡是社会主义，都是国际的，都是不应该带有爱国的色彩的。”据此，他主张放眼世界，以助人解放为业，称：“我以为固应该有人在中国做事，更应该有人在世界做事，如帮助俄国完成他的社会革命，帮助朝鲜独立，帮助南洋独立，帮助蒙古、新疆、西藏、青海自治自决，都是很要紧的。”

从毛泽东这一段思想激变的过程不难看出，五四时代的中国青年知识分子，事实上许多并没有因思想启蒙运动的中断就转向了民族主义、国家主义。在世界社会主义运动迅猛兴起的大背景下，他们中，乃至在部分教授学者中，不少人甚至对救亡也开始抱有与一般民族主义者完全不同的看法。中国共产党这时的诞生，很大程度就与这样一种历史背景有密切的关系。

工人无祖国？

相信今人都不大了解中共最早发布的《中国共产党宣言》和中共一大的《中国共产党纲领》的内容，但如果提到中共二大的宣言、议决案的主要内容，或许熟悉的会多一点。对中共建党伊始的政治主张不了解，反而更熟悉中共二大的文件，多半是中学历史教科书引导的结果。因为在中学历史教科书里，对于中共最早发布的《宣言》只字未提，对中共一大纲领的内容只简要说明它规定了党的无产阶级性质和共产主义奋斗目标，教师解读还时有批评。

为什么介绍不多还要批评呢？教学参考书里的说法是：因为当时中共“还未完全认清中国社会性质和革命性质”，规定的纲领不适合中国实际。中共何时开始意识到中国是半殖民地半封建社会，革命的敌人是帝国主义和封建主义呢？是二大。

因而教科书会特别介绍说明，到中共二大召开，党才正确地规定了中国革命现阶段的任务还是民主主义的革命。

为什么中共成立前后还不能完全认清中国社会性质和革命性质，二大就能正确认识了呢？比较权威的解释可见中共中央党史研究室编写的《中国共产党历史》第一卷。里面是这样说明的：中共成立前后，“中国的共产主义者……对在中国这种带有很大特殊性的社会条件下，是否能够立即实行社会主义革命，要经过什么步骤才能最后实现社会主义、共产主义等重大问题，刚刚诞生的中国共产党还不可能认识清楚，需要在马克思列宁主义基本原理与中国革命实际相结合的过程中，继续探索来解决”。

中共成立前后，即1921年前后。经过理论与实际相结合的继续探索花了多长时间呢？八九个月时间。因为，假定中共一大纲领具体形成于1921年8月初，中共开始正确表述中国革命必须“两步走”，即要先进行民主革命，再进行社会革命的主张，则是1922年5月、6月的事情。说对于如此重大的政治方针问题，理论与实际相结合的继续探索只花了八九个月就解决了，显然是解释不通的。实际上，中共对中国社会性质和革命性质的看法，之所以会在几个月的时间里就发生了如此大的转变，是得益于列宁和共产国际具体指导和推动的结果。

有关早期中共与莫斯科关系的史实，已有大量史料公开出来，国内外史学界的研究也已相当深入具体，无须赘述。这里要说明的，倒是1920、1921年中国那些早期共产主义者，为什么看不出“中国这种带有很大特殊性的社会条件”，以至于建党之初竟陷入到“空想”中去了呢？

说中共一大前后的宣言和纲领“是空想”，可见于毛泽东晚年的批语。他读到1920年11月形成的《宣言》文本时，直截了当地批了一句话，即：“不提反帝反封建的民主革命，只提社会主义的革命，是空想。”

《中国共产党宣言》制定者当时的理由和逻辑是怎样的呢？它写道：今天的“全世界可视为一个资本家的机关，所以一国的阶级争斗可使其他国家受同一的影响”，“因为我们从生产和分配的方法上看起来，这些国家都是一样的——都是资本主义式的”。必须要等到全世界的资本家的势力都消灭了，生产事业也根据共产主义的原则开始活动了，那时候人类社会才能真正造出一条到共产主义的道路。因此，“当着各国的无产阶级还在和资本主义争斗，还没有得到胜利的时候，我们设想俄罗斯在她领土之内，单独可以造成一个共产主义的国家，这是大错而特错的”。俄国革命所经历的一切，“并不是俄罗斯历史发展的特征，也是全世界历史发展的特征，而且这种阶级争斗的状态，世界上任何国家都得要经过的”。

对于这一理由，也许还是中央书记陈独秀的解释读着更浅显、更透彻些。早在1920年秋，即《中国共产党宣言》形成前，他就接连发表过文章，解释他会转去相信俄国式共产主义革命的理由。

他写道：“我以为世界上只有两个国家：一是资本家的国家；一是劳动者的国家。但是现在除俄罗斯外，劳动者的国家都还压在资本家的国家底下，所有的国家都是资本家的国家，我们[对此]似乎不必妄生分别。各国内只有阶级，阶级内复有党派，我以为‘国民’不过是一个空名，并没有实际的存在。有许多人喜欢拿国民的名义来号召，实在是自欺欺人。无论国会也好，国民大会也好，俄罗斯的苏维埃也好，都只是一阶级一党派势力的集中，不是国民总意底表现；因为各阶级各党派的利害、希望各不相同，他们的总意不但没有方法表现，而且并没有实际底存在。”

陈独秀真的主张一步走到共产主义，反对革命“两步走”吗？未必。中共一大党纲固然强调的是“推翻资产阶级”、“采用无产阶级专政”、“废除资本私有制”，但多数中共成员却并非完全不了解中国社会的特殊条件及其基本性质。

仍以陈独秀为例。他对此就讲得很清楚：中国的共和革命未必不好，“在社会党的立法和劳动者的国家未成立以前，资本阶级内民主派的立法和政治，在社会进化上决不是毫无意义；所以吾党遇着资本阶级民主派和君主派战争的时候，应该帮助前者攻击后者”。他不主张继续在共和政治的条件下变革的理由，是资产阶级民主派造成的民主共和政治归根结底还是少数资本家把持下的“金力政治”，“共和的自由幸福多数人是没有分的”。如中国表面上共和革命已告实现，实际上却沦为少数封建武人官僚资本的统治，不仅“外国资本压迫我们一天紧迫似一天”，而且封建主义全面复辟，民主革命基本流产。

至于为什么不应继续民主革命，而要改行共产主义革命，他的解释是：第一，“现代多数人都渐渐明白起来要求自己的自由和幸福了”，知道要靠共和政治“来造成多数幸福，简直是妄想”。“主张实际的多数幸福，只有社会主义的政治”。第二，“由封建而共和，由共和而社会主义，这是社会进化的一定轨道”，“按诸新陈代谢底公例，都是不可逃的运命”。第三，由封建而共和与由共和而社会主义，并不必须要经过若干岁月才可以改变方向。西方因代议政制历史悠久，共和政治或“比较的容易支持”。东方各国情形不同，“所以俄罗斯共和推倒了封建半年便被社会主义代替了”。“封建和社会主义之间不必经过长久的岁月，这是一个很明显的例子”。作为和俄罗斯社会性质更接近的东方国家，中国为何不走俄国直接谋多数人幸福的路，而非要经历一番只会给少数人幸福的“金力政治”阶段，再去谋多数人幸福的革命呢？

由上不难看出，陈独秀以及当年参加中共者主张共产革命的基本逻辑和理由，是建立在两种基本判断之上的：一是相信当代世界已经资本主义化，任何国家都逃不脱被资本家阶级统治的命运，因而劳动阶级受资本的压迫剥削是无例外的；一是用阶级分析和阶级斗争的观点看一切，并自认为无产阶级或劳动阶级的代言人。也正因为如此，他们不仅对俄罗斯式的反资本主义制度的共产革命充满期望，而且毫不犹豫地接受俄国人的帮助，创立俄共式的共产党，并自行宣告建党的同时，即宣布服从莫斯科领导的“世界共产党”，即共产国际（又称第三国际）的领导，明文规定：“党中央委员会应每月向第三国际报告工作。”

作为世界共产党的下级支部，中共在一大虽规定党名为“中国共产党”，其纲领中却明文规定：“凡接受我党的纲领和政策，愿意忠于党，不分性别、国籍，经过一名党员介绍，均可成为我们的同志。”一年后，中共二大召开，明确承认中国革命必须依据中国社会的特殊性质实行“两步走”策略，但它通过的第一个《中国共产党章程》的第一条，却更鲜明地强调了其国际组织的这一特性。该条称：“本党党员无国籍性别之分，凡承认本党宣言及章程并愿忠实为本党服务者，均得为本党党员。”

此后中共三大、四大、五大修订章程，此条内容及位置，均未改变。这也就难怪1924年1月国民党一大召开时，面对国民党内要求加入国民党的中共党员退出共产党或解散共产党的呼声，李大钊会代表中共郑重告诉国民党人说：中共是共产国际在中国的支部，其党员可以用个人名义加入国民党，但不能解散这一国际的组织。很难简单地认为李大钊的表态纯粹是中共应对国民党人质疑的一种搪塞的手法，中共当年的阶级观点及其组织定位，显然对党员的思想和心理都有重要影响。这也是为什么，当1928年共产国际明确提出“保卫苏联已成为目前各国党的中心任务”之后，中共和红军会毫不犹豫地打出了“武装保卫无产阶级的祖国苏联”的政治旗号。

显然，当中共党人都像陈独秀那样认定“世界上只有两个国家：一是资本家的国家，一是劳动者的国家”之后，从阶级的观点看问题，苏联自然也就合乎逻辑地成了包括中共在内的各国无产阶级及其劳动者的“祖国”了。而这实际上也是符合马克思的观点的。

马克思在《共产党宣言》中这样写道：有人责备共产党人，“说他们要取消祖国，取消民族”。他的答复很简单：“工人没有祖国。决不能剥夺他们所没有的东西。”固然，无产阶级需要“取得政治统治”，需要在民族的基础上“把自己组织成为民族”，但是，无产阶级获得解放的首要条件之一，就是要打破国家民族的界限，实现各文明国家无产阶级的联合行动；无产阶级革命成功的结果之一，也是要通过消灭私有制，消灭剥削和压迫，以使世界上形形色色的民族国家“更快地消失”。

由此可知，在马克思看来，如果说工人有祖国，那只不过是他们取得政权、组织成为统治阶级的那一段“革命的过渡时期”而已。在此之前，国家不是他们的，他们还必须要打破民族的界限；在此之后，国家和民族都将不复存在。

相比较而言，陈独秀在这一点上从一开始就多少有所保留。他在1920年底曾经写道：他“绝对厌恶”资产阶级拿国家的名义做那些相侵相夺、相杀相害、嫉妒仇恨的事情，但“普通的国家制度，不过是言语相同的，或是历史、宗教、利害相同的一种或数种民族共同生活底政治组织”。这种组织成立在自然的障碍基础上，“根深柢固”，“是不容易消灭的”。若只是取消了“国家”这个名义，人类语言、利害等种种障碍依然存在，“因为自然的障碍而发生的民族的冲突，就是在无国家无政府时代也是不能免的”。用他的话来说，要等到理性充分发展能抑制人的本能，尚“不知在何时代”。

这大概也是为什么，陈独秀始终相信需要把阶级斗争与民族革命的口号结合起来。比如，即使在1920—1921年，亦即中国共产党刚刚成立，宣誓要为世界革命而奋斗的时候，他也没有忘记要照顾到中国多数民众的心理，故专门撰文提出过：“中国劳动（农工）团体为反抗资本家资本主义而战，就是为保全中国独立而战。”

当然，从中共二大，即1922年开始，莫斯科就已经在要求中共实行统一战线政策，并规定中国革命必须“两步走”了。所谓“两步走”，就是说以中国资本主义发展的程度，还达不到像俄国那样，进行社会革命的程度，中国必须要先进行民族民主革命，革命成功，资本主义发展到相当程度，才可以进行第二步，即社会革命。因此，在1922—1927年中共奉行统一战线政策期间，“为保全中国独立而战”的主张政治上无疑是正确的。但是，1927年国共合作关系破裂，中共接过俄国革命的苏维埃旗号后，再继续这样的口号在政治上就不正确了。再等到1928年莫斯科明确规定各国党要把“保卫苏联”当成自己的“中心任务”之后，谁这样看问题，谁就要犯政治错误了。

1929年，张学良在南京政府支持下，试图用武力夺回苏联从沙俄继承下来的中东铁路的控制权，结果和苏军发生了严重的武装冲突。南京政府和国民党为此发动了大规模的反苏示威运动。当时的中共中央却基于保卫无产阶级祖国苏联的立场，发动并组织“保卫苏联”的宣传及行动。有鉴于在国人民族主义情绪高涨之际，此种宣传难以发生效力，已经下台的陈独秀建议中共中央在宣传“拥护苏联”的时候要照顾到中国大多数民众的落后心理，不要“使群众误会我们只是卢布作用，而不顾及民族利益”，结果，因政治部正确，新账老账一起算，他却被开除出党了。

华人与狗不得入内？

大概年长一些的中国人，都会对一百年前上海公共租界外滩公园门口树有“华人与狗不得入内”的侮辱性告示的事，有点印象。从五六十年代的大陆舞台剧，到七八十年代的香港电影里，都当作国人的屈辱记忆，有过反映。但历史上真有这件事吗？因为从未有任何实物或影像资料留存下来，因此，史学研究者对此或不免有些怀疑。1994 年，一位研究上海租界史的研究者就此做了一番考证，最终认定“这是一个人为编造的故事”，因为他翻遍租界工部局的相关规定，没有找到这样的条文。然而，文章一发表，就引起轩然大波，据说反驳的文章一时间“排山倒海”。一些人举出了 1903 年周作人白纸黑字的日记。周写道：“上午乘车……途经公园……惟中国人不得入，门悬金字版一，大书‘犬与华人不准入’七字。”类似的文字，也陆续可以在姚公鹤、郭沫若、蔡和森等人1917、1923年的著述文章中找到。1928年6月1日租界工部局取消了限制华人进入公园的规定后，英文报刊上也有文章提到说，此前确实存在过“华人与狗不得入内”的规定。

进入21世纪后，先是国外学者，继而是大陆学者，又就此发起了新一波考证潮。这一回研究者们更细致地考察了公共租界当局相关管理规定的历史变化情况，并且更全面地搜集研读了那个时代中人有关这一话题的各种文字记述。通过对上海公共租界相关管理规定，以及对租界中华人为公园规定与管理方交涉史料的细致考察，不仅没有找到把“华人与狗”并提的禁止文字，而且注意到外滩公园自开园起，租界管理规定多次修订变动的情况和原因。这里面最值得重视者有三：一是公园并非开始就禁止华人入园，相关规定是开园十六年后出现的；二是针对华人的规定自1884年制定，1913年取消，这些年也并非完全不许华人入内，1889年后即采取了发放游园券的办法，允许少数租界华人入园；三是禁止华人入园的规定文字从未与狗并列，禁止对象基本上是特指的，如“No dogs or bicycles are admitted”（狗与自行车不许入内），“No persons are admitted unless respectably dressed”（衣冠不整者不得入内），“Children unaccompanied by Foreigners are not allowed in the Reserve Garden”（儿童无外国人陪伴不得进入公园)，等等。专门针对华人的规定只有一条，即“No Chinese are admitted, except servants in attendance upon foreigners”(除外国人仆佣外，华人不得入内)。

与1994年那次相比，这一回报刊、网络上的反应完全不同了，批评反驳的文字几乎不见了踪影。极个别网络媒体使用了有质疑口吻的标题，内中却也承认当年上海外滩租界公园管理规定中确实没有“华人与狗不得入内”的文字。反过来，无论是研究者还是编辑记者，倒是从当年华文报刊文章中发现了不少国人反思检讨的文字，因而颇受触动。例如有多位研究者和编辑记者撰文介绍称，外滩公园1868年建成后，原本不限制华人入园，“因华人既人数众多，占其良好之坐位，复因无公德心之华人，箕踞眠卧，遍地吐痰”，“随意采折花木”，“小孩子到处撒尿拉屎”，并乱丢垃圾，租界当局至1884年才不得不出台禁止华人入园、禁止脚踏车入园、禁止采折花木、禁止无成人陪同的儿童入园等规定。几年后，为平息租界华人的不满，租界当局还在苏州河边另建了一座公园，专供华人游玩。然而，该园的多数设施不久就被毁坏殆尽，连一座作为公园标志的用石麟驮起来的铜质时刻表也不知去向，石麟变得残缺不全，两边翅膀和嘴里的舌头都断了。毛泽东后来的岳父杨昌济留学回国途经上海，就曾明确表示认同限制华人入园的规定。他写道：“华人如此不洁，如此不讲公德，实无入公园之资格。”1928

年，外滩公园被迫向华人全面开放之日，不少人又不能不开始担心了。他们或劝告国人“勿随地吐痰”、“勿到处小便”、“勿动手折花”、“勿乱弃渣滓”，或教授维护公共卫生的具体方法：吐痰要吐在手帕里，不要在公园内吃东西……

既然如此，那么能不能像有的网络媒体似的，就此得出结论，说过去围绕着“华人与狗不得入内”的传说与批判，根本就是一个“流传了一个世纪的谎言”呢？抑或能不能像有些研究者或编辑记者所讲的：“所谓‘华人与狗不得入内’，事出有因，与其说是帝国主义的压迫和欺凌，倒不如说是我们给自己脸上抹了黑”？坦率地说，这类说法都有点简单化。

租界当局有没有将“华人”与“狗”并列在一条规定当中，严格说来并不重要。把华人列入禁止入园的对象，与“狗”、“脚踏车”以及“衣冠不整者”等一并公布在一张告示里，这样做本身就注定会造成“华人与狗”的歧视效用和耻辱联想。至于说当年租界公园由开放到限制，和许多华人自身不检点有关，虽不无道理，问题在于，时至今日我们照样经常可以看到国人在公共场合大声喧哗、随地便溺、乱丢垃圾、损毁公物等等不讲卫生、不讲公德的现象，但不要说在中国自己的国土上，即便是在外国，也再没有相关管理机构会直接针对中国人张贴出“华人与狗”，哪怕是“华人”如何、“狗”如何之类的告示与规定了。对中国人此种行为极为反感的一些国家的重要旅游点，充其量也只能专门制作中文告示以告诫中国游客，上面的行文还得注意礼貌，通常都会用上“请勿”两个字。

有人或许会说，这是因为中国人赶走了外国殖民主义者，实现了国家独立，是国家强大的结果。但这并不能解释为什么外滩公园建成后十几年并没有制定那种明显带有歧视性的园规，更不能解释为什么1884年园规制定后又发放部分入园券让华人入园，又另建华人公园提供华人休闲的场所，而1913年以后还取消了禁止华人入园的明文规定，到1928年更彻底地将公园对外开放了。这段时间的中国既未赶走外国殖民主义者，亦未取得独立地位，离强大就差得更远了。

解读这段历史，还需要回到当时的历史背景，并结合当时人类社会文化思想观念演进的经过去找原因。

这段历史发生在什么时间？1868年到1928年。直到18世纪末，中国留给西方的印象还大体上是神秘的、美好的。从12世纪的意大利人马可·波罗，到15、16世纪葡萄牙商人吉罗拉莫·苏尼奇，再到16、17世纪意大利传教士，包括这一时期在欧洲中世纪影响最大的胡安·冈萨雷斯·门多萨（Juan González de Mendoza）所著《中华大帝国史》（*The History of the Great and Mighty Kingdom of China and the Situation Thereof*），几乎都认同中国人“跟我们一样白”，“与我们非常相像”，“穿着得宜”，“外型健康良好”。即使到17、

18世纪，以利玛窦为代表的众多耶稣会士进入中国以后，他们传送回欧洲的关于中国的信息，主要也还是一些物产富饶、官民和谐、社会发展水平高的“盛世”景象。这种印象也极大地影响到法国和德国的众多早期启蒙思想家。德国哲学家莱布尼茨就断言：“中国在国家的治理上远胜于文明的欧洲。”法国哲学家伏尔泰亦相信中国“在伦理道德和治国理政方面，堪称首屈一指”。

然而，这种印象自18世纪初开始已经逐渐受到了挑战。最容易形成对照的，就是英国作家威廉·坦普尔（William Temple）与笛福（Daniel Defoe）两人作品中对中国截然不同的看法和评价了。前者主张开明君主专制，因而极力推崇中国人最有智慧和最讲道德，中国的制度和文化都是最好的；后者具有强烈的民主意识，在他笔下，中国不过是专制帝王统治着一群傲慢、专横、粗野、无知的人罢了。1793年英国马戛尔尼使团访华失败，出版了《出使中国》（*Our First Ambassador to China*）等书，历数了中国官员虚伪、傲慢和无礼的言行，更谈到中国人的种种陋习和欧洲人无法适应的表里不一。这些书还较多地谈到中国人野蛮落后的一面，如称：他们衣服非常脏也很少洗，虱子很多，且从来不用肥皂。由于缺少卫生意识及公德心，“很少用手绢，而是随地乱吐，用手指擤鼻子，用袖子擦鼻涕，或者抹到身边的任何东西上”。

19 世纪以后，美国新教传教士大量进入中国。他们基本生活在社会下层，掌握了大量有关中国社会状况的第一手资料。卫三畏（Samuel Wells Williams）1833 年到中国，1877 年回国，1883 年出版《中国总论》（*The Middle Kingdom*），他的看法全然是批判性的。他指出：中国“整个制度是现存的最专制的制度之一，它像一张大网笼罩在社会的表面上，每个人在他自己的网眼中都是孤立的，可是又和他周围所有的人在责任上联系在一起”。“皇帝是一切权力、显贵和特权的源泉。他是宗教首领，唯一有资格拜天的人；他是法律的源泉，是独断专行的。”“中国官员敲诈勒索、残忍暴虐、虚荣自负”，下级唯有思谋瞒骗上级才能自保。中国的法律只是摆设，每个人都只顾自己。这种情况“抵消了中国人的真正活力”。结果，今天的中国“就像一辆沉重、破败的大车在艰难地蹒跚前行，每时每刻都可能垮掉，碰得粉碎”。

值得注意的是，同为美国传教士，明恩溥（Arthur Henderson Smith）1872 年来华，1926 年返国，这期间接连出版了《中国人的性格》（*Chinese Characteristics*）、《中国乡村生活》（*Village Life of China*）等著述，他对中国人的看法却与卫三畏开始有些区别了。他的著作中同样较多地谈到了中国人的问题，比如，太讲面子，太多礼节，太少同情心，太缺乏对细节的重视和对提升智力的教育，太保守，太自私，太缺少公德心和公利心，人与人之间，包括官民之间，都太缺少信任而太多相互间的猜忌等。但是，他同时也告诫西方读者称：“一些熟悉中国人及其生活方式的人……经常断言，中国人不文明。这种判断是很肤浅且完全错误的……我们如果被迫回到我们的曾祖父和祖父的时代，也许也会提出我们活着是否有价值这样的问题。时代变化，我们也随之改变。中国则相反，时代没有变，人也没有变，舒适与方便的标准与几个世纪前一个样。但只要出现新情况，这些标准也将必然要改变。这些标准肯定会与我们已经习以为常的标准相同。”

明恩溥在华生活的时间，恰好和我们这里谈到的外滩公园针对华人的管理规定从出台到废止的时间基本重合。那么，为什么卫三畏的看法就和笛福的观点那么相近，明恩溥的看法却不那么偏激而较客观了呢？这就和西方种族主义的高涨与退潮有关系了。

19 世纪欧洲工业发展迅猛，全面推动了欧美资本主义国家的文明化和法制化，并且加速了现代国际秩序和国际关系的形成，依旧极力维护传统的落后中国的形象自然越来越差。随着西方科学研究的精进，人类学、医学日渐发达，古比诺的“人种不平等论”和斯宾塞（Herbert Spencer）的“社会达尔文主义”相继诞生。这两种学说极大地推动了西方种族主义的形成和高涨，并为 19 世纪后半期和 20 世纪初西方殖民主义、帝国主义政治的通行，提供了重要的理论资源。

但建立在西方自由、平等、博爱基础上的人权思想和民主政治的潮流，也在广泛生长中。英、美等国反对种族主义及其奴隶贸易与奴隶制的思想和运动，几乎同时先后蓬勃兴起。1807 年和 1833 年，英国议会在公众力量的强大压力下，先后通过法案，废止了奴隶贸易及奴隶制。在国内公众力量坚持不懈的推动下，英国政府还对西欧各国政府施加压力，最终迫使各国逐渐就废止奴隶贸易和废除奴隶制问题达成协议。正是在此背景下，从 1860 年开始，到 1866 年结束，美国政府亦通过长达将近六年之久的战争，打败了拒绝解放黑奴的南方联盟，也在法律上宣告了奴隶制的终结。这一历史进程固然不可能一举消除种族主义，却对种族主义和殖民主义的合法性构成了有力的挑战。再加上 19 世纪末 20 世纪初民族主义在世界范围内强势生长，公开的种族歧视和种族压迫言行，在西方竟逐渐变成人人喊打的过街老鼠了。

这也就是为什么进入 20 世纪后，西方在种族问题上，包括对中国的看法，又都逐渐开始发生某种程度的改变。美国学者伊罗生（Harold Isaacs）就美国的中国形象做过较系统的研究和考察。按照他的分期，18 世纪美国人对中国的看法是“尊敬”的，1840—1905 年间基本上是“厌恶”的，1905—1937 年间则明显变得比较“善意”了。显然，这种情况并不仅仅发生在美国，事实上自20世纪初开始，主要西方国家舆论对中国的观感大都渐趋客观，善意的评价也逐渐多起来了。

由上可知，上海租界工部局在外滩公园华人入园规定问题上的措辞及其改变，很大程度上其实是与西方国家那段时期的历史密切相关的。

立国的资格

用费正清的“冲击—反应”模式来解读中国近代历史进程，过去在大陆曾比较流行。自1980年代末美国学者柯文《在中国发现历史》一书传入，多数中国学者也转而批评起这种“西方冲击—中国反应”的研究思路来了。原因很简单，“冲击—反应”模式多少有些西方中心说的嫌疑，而柯文则帮着我们回到我们自己应有的立场，即中国中心说上来了。

不过，对于现代民族主义观念的生成来说，不管哪个中心说“政治正确”，至少，采用“冲击—反应”的考察方法，还是更容易看清中国现代民族国家观念在20世纪上半期形成的历史背景与条件。说起来，这本不是一个很复杂的问题。汉娜·阿伦特说得好：“任何一个以征服者姿态出现的国家，都会刺激被征服民族的民族意识及其对掌握自主权的渴望，这种情况将会破灭（征服国家）缔造帝国的野心。”只不过，从人类社会16世纪以来的历史进程看，差不多所有当年自以为比别的民族文明发达的国家，在对外扩张时，都很少能弄明白这种因果关系。

美国学者菲利克斯·格罗斯（Feliks Gross）有过一种看法，他认为人类自古以来就有两种类型的国家。一种是古代希腊、罗马那样的“由公民组织起来的国家”，它的基础是“自由公民的联合”，正是“从希腊罗马制度中发轫的这种政治文化，才发展成为现代发达的公民权概念和现代公民国家”。另一种则是“部族—民族主义国家”，它生成于原始社会野蛮时期，建立在血缘、亲属关系基础上，“往往把宗教、族属和政治制度混同为一个单一原则和属性”，因而具有较强的排他性和不平等性。我们这里所说的民族国家，与格罗斯所谈的古代国家既有联系，也有区别。首先，它是一种现代产物，但从欧洲那里开始，这种所谓现代民族国家至少就有两种不同的版本。前一种与格罗斯所说的“公民国家”相一致，即是18、19世纪诞生的，如英国、法国，也包括美国式的，本质上把国家视为国民自由共同体的民族国家。后一种是19世纪下半期至20世纪初诞生的，德国、意大利式的，即把国家主要看成文化传承甚至是血缘共同体的民族国家。而不论前者还是后者，其内部公民或国民权利的平等，与种族、民族、族群间的平等最初又并不相通。因此，无论是公民国家的英、法、美，还是民族主义国家的德、意、日，很长时期里都一样是在市场竞争的推动下盲目扩张殖民地，“以征服者的姿态”在统治和掠夺落后民族与地区。结果显而易见，即如阿伦特所说，因刺激了被征服民族的民族意识及其对掌握自主权的渴望，逐渐引发了一波又一波的民族独立和民族解放运动的兴起，进而催生出一个又一个新的民族国家，显然是当年这些自视为先进文明的列强所意想不到的。

20 世纪初中国人碰到的，正是同样的情况。不同之处仅仅在于，多数殖民地或落后国所面对的，往往是一个主要的宗主国或“征服国”，中国并未变为哪一国的殖民地，却一样要面对诸如东交民巷公使团那样的“太上皇”，甚至不得不眼看着列强在中国的土地上你争我夺。

但是，进入 20 世纪之后，必须要尊重国民权利的美、英、法等国的殖民主义倾向逐渐开始趋于消解了，而东亚后起的强国日本却步德、意式强调整体主义的民族国家之后尘，不顾一切地向中国进行蚕食和扩张。由此带来的一个明显后果就是，最早以征服者姿态凌驾于中国的，明明是英、法等列强，但从第一次世界大战结束以后，中国人最反感的，却是后来的且高唱要共同抵御白种人东侵的日本人。

其实，日本对中国施以武力“膺惩”和局部占领的做法由来已久，如 1874 年入侵台湾、1894 年甲午战争、1900 年八国联军侵华、1904—1905 年旅顺口争夺战等，无不是公然侵略行为。然而，当年日本人的这些行径，几乎没有引起多数国民的反感。相反，从改良派到革命派，却对日本钦羡不已，几年时间竟有多达十万青年学子先后浮槎东渡，学习取经。对日本国观感上的重大改变，最先应该是始于日本政府 1915 年初提出的意在变中国为日本殖民地的“二十一条”。此一要求，引起许多留日学生愤而归国以示抗议。紧接着，1918 年日本政府逼迫中国段祺瑞政府秘密签订严重损害中国主权的中日军事协定，消息披露后再度引发了留日学生集体归国和国内学生的游行示威行动。在这种情况下，1919 年日本在巴黎和会坚持霸占胶东半岛，而中国方面要求归还权益的主张反而被拒，中国舆论界及知识界自然会愤然发声抗议，青年学生更是大批上街示威，留日学生再度发动归国运动，就连大中城市中一些工商业者也采取了罢市行动，抵制日货就更不用提了。

受日本霸占胶东半岛不还一事刺激而来的这样一种“觉醒”，是否影响到了社会底层的广大民众，并促成了他们的“觉醒”呢？

方志敏事后回忆过他在江西上饶弋阳读高小时所经历的这场风波。他写道：“小的时候，在乡村私塾中读书，无知无识，不知道什么是帝国主义，也不知道帝国主义如何侵略中国。自然，不知道爱国为何事。”以后进了高等小学读书，就渐渐懂得要爱中国的道理了。五四爱国运动当时就波及他所在的小学，学校里的年轻教师曾组织几百学生开大会声讨日本。他提到，当时一个青年教师跑上讲台，特别把日本提出的灭亡中国的“二十一条”一条一条地边念边讲。“他的声音由低而高，渐渐地吼叫起来，脸色涨红，渐而发青，颈子涨大得像要爆炸的样子，满头的汗珠子，满嘴唇的白沫，拳头在讲桌上捶得嘭嘭响。听讲的我们，在这位教师如此激昂慷慨的鼓动之下，那一个不是鼓起嘴巴，睁大着眼睛——每对透亮的小眼睛，都是红红的像要冒出火来；有几个学生竟流泪哭起来了。”

由于会上通过了抵制日货的决定，同学们回到寝室后翻箱倒柜，凡是日本产的东西统统扔出来打坏掉了，然后还结队上街去检查商店的日货，并四处去对民众演讲，要“唤起他们来爱国”。他回忆自己受到此次行动的刺激，思想上发生的变化，称当时自己“幼稚的脑筋中，作了不少的可笑的幻梦：我想在高小毕业后，即去投考陆军学校，以后一级一级的升上去，带几千兵或几万兵，打到日本去，踏平三岛”！

读北京五四运动期间的上海报纸，亦不难看到上海普通市民对日本人的排斥心理同样大大增强了。一方面，上海学生的街头宣传、报纸舆论的文章，起了很大的刺激作用；另一方面，因为上海日人较多，反日运动很容易造成底层民众对日人阴谋的防范甚至是恐惧心理。冯筱才写过一篇文章，列出了一二十条6月间上海中英文各种报刊对市民这种恐慌情绪的报道。当时最多的关于日人阴谋的传闻，就是“日人置毒于华、法两界之自来水中”。城市里，人人靠喝自来水为生，水被投毒，非同小可，自然要引发恐慌。

此类消息虽经租界当局再三辟谣，但对日本人的反感明显地助长了三人成虎的效应。再加上不少中文报纸加油添醋，不断帮助传播这类消息，结果是不仅使市民对日人的恶感加剧，而且促成了一种对日本人如对过街老鼠人人喊打的社会氛围。在两周多的时间里，街头接连发生了日本侨民甚至日本巡警受到市民围殴的情况。因为上海本地市民往往弄不清谁是日本人，以致日本人不出来了，街上一些不会说上海话或长相、穿戴不像中国人的中国学生、军官、路人、小贩，被民众当成日本人，接连被打伤，甚至于被打死。好在上海租界当局和华界军警从一开始就注意采取行动弹压，这场骚乱只持续了不到一个月就被平息了下去。

一时间的日本压迫欺凌事件，会刺激起相关地区部分普通市民的反日心理，这在20世纪二三十年代中日关系状况不断的情况下，或不难想象。但是，除去知识界、学生界和大城市部分精英阶层确会因此而激发起强烈的民族意识，进而诉诸有组织的抗议行动外，底层普通民众类似的恐日情绪和无组织的反日暴力，是否也称得上是一种民族意识或民族主义的表现，却颇值得怀疑。方志敏就讲述了他高小毕业后，前往南昌、九江读书，后又到上海逗留，并搭乘日轮回江西时看到的种种情形。在他看来，五四运动过了好几年，包括日本人在中国蛮横霸道，中国人要么为虎作伥，要么胆小懦弱的情况，丝毫没有改变。

英国史学家乔治·古奇（George P. Gooch）曾这样解读阿伦特讲到的那个被征服国刺激起来的落后民族的"民族意识"，亦即所谓"民族主义"。他说："民族主义是一个民族（潜在的或实际存在的）成员的觉醒"，这种"觉醒"是指一个意识到自己的民族归属的人，相信有必要为实现、维持与延续本民族的认同、整合与繁荣，为本民族应享有的地位甚或独立而努力。如果这一解读基本正确的话，那么，像上海部分底层市民所表现出来的那种恐惧或暴力，也包括方志敏梦想中的"打到日本，踏平三岛"之类，应该都还达不到这种"觉醒"的要求。

当然，如前所述，19、20 世纪世人建设民族国家的道路并不一致，至少有英、法、美式的，以及德、意、日式的。因此，人们所谈论的所谓民族主义或民族意识或民族觉醒的内容也未必相同。相对而言，越落后的国家，距离英、法、美式的民族国家越远。德、意、日的民族主义，就明显地带有中世纪帝国的、暴力的、排他的和整体主义的特色。

20 世纪二三十年代的中国，工业化、电气化尚未起步，半数以上的县不通公路，绝大多数农村不通电，四亿人口中 90% 以上都在农村，绝大多数还是文盲，城市与城市、城市与乡村、乡村与乡村，发展严重不平衡。可以想象，在如此落后的国家，要想在短时间内建成英、法、美式的民族国家，通过公民权利意识的培养来结成以国民个人自由为基础的民族共同体，无论如何是不可能的。在当时的历史条件下，恰恰是外敌的入侵和占领较快地将众多国人的民族意识激发出来。

1806 年神圣罗马帝国彻底瓦解之后，德意志民族一直处于四分五裂之中，没有人能将众多各自独立的公国、侯国、伯国、贵族领地和自由市统合起来。德意志人之所以会逐渐形成一种民族认同感，并最后能够重新统一起来，组成一个新的国家，一个最重要的原因，就是它们共同遭遇到了法国人的入侵、占领和统治。

在历史过去了八十多年之后，没有人能够判断出，如果不发生“九一八事变”，不发生“七七事变”，中国需要花多长时间才能够真正实现自身的统一与独立，变成英、美式的现代民族国家。唯一可以肯定的是，如果这种可能存在的话，最少恐怕也要像英国革命那样，经历许多反复，还需要花上百年甚至更长时间才行。中国没有走上英、法、美那样的民族国家建设之路，反而走上了近似 19 世纪德国那样一种建国之路，某种程度上要“拜日本军国主义者当年的狂妄无知所赐”。正是因为日本狂人出来扮演了当年法国拿破仑扮演的那个角色，一个“九一八事变”还不足，还要发动“华北事变”，进而还要再来一个“七七事变”。就这样，日本人一步步把一个四分五裂、老大懦弱的农业中国里许多人的民族意识刺激起来、调动起来了。

日本敢于大胆侵略中国，除了盲目迷信殖民主义和帝国主义的逻辑之外，一个重要原因就是像德国纳粹一样，自认“优秀”且“文明”，把中国视为劣等且野蛮。因此，许多日本人相信“中国非国”，“支那人无立国之资格”。战争打起来之后，日本政府甚至还公开声明：“帝国政府今后不以国民政府为对手。”

其实，蒋介石当年决心抗战，要争的就是这个立国的资格。而从中国各党各派各军能够一致对日抵抗的那一天起，日本人关于“支那人无立国之资格”的判断，事实上就被打破了。只要中国有人能把这种抵抗坚持下去，日本之挫败，中国之独立，就只是一个时间问题而已。

祁老太爷的无奈

“祁老太爷什么也不怕，只怕庆不了八十大寿。在他的壮年，他亲眼看见八国联军怎样攻进北京城。后来，他看见了清朝的皇帝怎样退位，和接续不断的内战；一会儿九城的城门紧闭，枪声与炮声日夜不绝；一会儿城门开了，马路上又飞驰着得胜的军阀的高车大马。战争没有吓倒他，和平使他高兴。逢节他要过节，遇年他要祭祖，他是个安分守己的公民，只求消消停停的过着不至于愁吃愁穿的日子。即使赶上兵荒马乱，他也自有办法：最值得说的是他的家里老存着全家够吃三个月的粮食与咸菜。这样，即使炮弹在空中飞，兵在街上乱跑，他也会关上大门，再用装满石头的破缸顶上，便足以消灾避难。”

这是老舍名著《四世同堂》一书开头的一段文字，写的是“七七事变”前夕住在北平羊圈胡同七十五岁的祁老太爷的心态。住在北平城里的人，改朝换代的事看多了，日本人来了又能怎样呢？小说中有着类似心态的人一大把，真有民族国家观念的人却不多。

大儿媳妇这时关心的是，“万一自己在这两天病死，而棺材出不了城”！

长孙瑞宣想的是“一家老少的安全与吃穿”问题。自己是当家的，这个时候能甩手一走了之吗？有没有可能“过几天‘和平’解决了”呢？

二孙子“瑞丰和他的摩登太太一向不注意国事，也不关心家事；大门既被祖父封锁，只好在屋里玩扑克牌解闷”。

小顺儿他妈想的是：患难总难避免，一个人想活下去，就要设法在患难中找缝子，“把受委屈当作生活，而从委屈中咂摸出一点甜味来”。

三孙子瑞全向大嫂讲抗日道理，大嫂却劝他：“反正咱们姓祁的人没得罪东洋人，他们一定不能欺侮到咱们头上来！”

日本兵刚一进城，李四爷就立在胡同口的槐树下开始“声音凄惨的”吆喝称：“预备下一块白布吧！万一非挂旗不可，到时候用胭脂涂个红球就行！庚子年，我们可是挂过！”

邻居钱先生跑去找帮会的人宣传抗日，却发现不论黑门、白门，这些人只讲自己的“道”与“义气”。“他们说日本人很讲义气，没有侵犯他们，所以他们也得讲义气，不去招惹日本人”。

当然，更极端的，是那些邻里邻居的冠晓荷、大赤包、蓝东阳等等。处此关头，他们要么摆出一副“不在其位，不谋其政”的态度，要么就是想着法儿地谋划着怎么发国难财。在他们眼里，“没有什么不可以作的事”。

老舍讲述的这个故事，与姜文那部叫《鬼子来了》的电影，反映的问题颇为相似，但背景条件却大不相同。姜文电影反映的是抗战期间黄河流域交通闭塞、大字不识几个的落后村民的求生心态，老舍这里写的可是皇城根儿下这个中国文化程度及政治敏感度最高的地方，人物中有好多位还是受过一些教育、见过大世面的城市居民。尽管时代变了，和英法联军、八国联军打进北京时，市民大量围观瞧热闹，甚至用各种方式协助洋人的情况已经有所不同了，小说中出现了钱先生、瑞全这样有民族国家意识的知识分子和青年学生，出现了像孙七、小崔、长顺等反感日本入侵的体力劳动者，但是，和《鬼子来了》一样，老舍同样揭示出一个严酷的事实，即日本当年能轻而易举地占据并统治中国，其实是有重要的社会条件和原因的。北京城里的市民尚且如此，又何况中国其他地方？

自 20 世纪初以来，中国的民族主义宣传已经产生了巨大的影响，有不少知识分子投身政治，也出现了不少以民族革命为己任的革命团体。辛亥革命、五四运动、五卅运动、国民革命运动，以及废除不平等条约运动等，闹得轰轰烈烈，几乎没有停歇过。1931年“九一八事变”以来，国人的反日运动也是此起彼伏，北平尤其不安生。何以到了1937年“七七事变”，这里的多数居民还只是在操心自个儿的家庭安康，甚或个人的福祉呢？

有关这方面的讨论和反思很多，比较重要的看法大抵有两种：一是认为中国人的“国民性”有问题，说中国的教育、历史、文化只教人忍耐顺从，鼓励以德报怨、逆来顺受，用暂时的牺牲来换取生存的机会，从不教人怎么强硬与反抗，以致养成了国人中庸调和的屈从性格，不能勇敢面对强权；一是认为中国人的“国民意识”当时尚未形成，依旧还是传统的臣民观念和奴隶思想，只习惯于从家族和个人的角度考虑问题，面对统治者或侵略者总是本能地以弱者自居，相信改朝换代之类的国家大事与己无关。

如何看待国人当年的“国民性”和“国民意识”，是一个见仁见智的问题。但有一点不应忽略，即“国民”一词最初其实是英文citizen/法文citoyen一词的日译，不过这个概念却和现代西方citizen/citoyen的概念有很大的差异。

现代citizen/citoyen一词实际上形成于18世纪，它指的是英、法、美各国那些享有个体自主性和参政权，并结合为一个政治共同体的公民。用拉吉罗（Guido de Ruggiero）和雅诺斯基（Thomas Janoski）的说法即是：“在公民意识产生之初，所有束缚人的自由平等的社会障碍都已被清除。”公民意识的萌发是一个与公民们在政治、经济、司法和文化上具体实践同步的过程。

与之有所差别的是，后起的德国更重视血统和集体精神。citizen/citoyen 一词到了德国，如果要突出强调原词的政治性，在德语中通常就要用 volk 一词来表达，而 volk 实际上相当于英文的 nation，指的是具有血统关系的人民全体，抑或民族的意思，这就与强调个体自主性的公民概念有很大不同了。

日本比德国还要落后。明治初期，日本启蒙思想家已经从英、法、美引入了citizen/citoyen 的概念，虽然译为“国民”，强调的也是“天赋人权”、“四民平等”、“民为国本”和人人有参政权的思想，但 19 世纪末 20 世纪初，日本开始进入产业革命时期，再加上甲午战争和日俄战争的胜利，自由、平等、博爱的和平崛起观念受到了严重冲击，大批政治精英从德国强势成长的经验中看到了与列强争雄的发展前景。于是，citizen/citoyen 等概念开始被扬弃，“国民”一词转而与德语的 volk 和英语的 nation 相对接，主张国主民从的“国民主义”开始泛滥，血缘、文化神圣的观念和国民与国家同体同构的“国民共同体”思想急剧膨胀，最终建立起以“忠君爱国”为原则的绝对主义政制，并一步步拥有了政治、经济和军事的强大动员能力。

国人最早引入“国民”一词的时间，恰逢日本主流政治观念开始发生转变的 19 世纪末 20 世纪初。这时日本人对中国的看法也在急剧转变中。经过甲午战争、庚子之变，许多日本思想家都已经在主张“脱亚入欧”，并认定中国不可救药了。日俄战争以后，日本更是“产生了作为军国称雄世界的自负心理，视支那等为狗屁不如”。日本著名思想家德富苏峰就明确认为，中国人不仅无国家观念，且无独立资格。

由此可知，中国人使用的所谓“国民”，或“国民意识”的概念，其实具有两种含义：一种是现代西方的观念，指的是享有个体自主性和参政权的公民；一种是军国主义日本的观念，指的是绝对服从国家需要的臣民。很显然，即使是处处以“国民”代表为标榜的孙中山国民党，也不会有谁认同日本人这种“国民”观。但是，英、法的公民意识和公民权利的兴起，是建立在高度工业化和城市化基础上的，其公民身份是由市民身份发展而来的。以中国社会经济发展的程度，具有自治能力的市民阶层尚未形成，公民意识及其权利又从何而来呢？

面对列强各国，特别是日本的扩张，中国的一切问题首先都与经济落后联系着。据施坚雅、姜涛等估算，中国的城市化比例从 1840 年到 1937 年一直没有多大改变，始终在百分之六七上下。而日本 1895 年就已经有 12% 的人口生活在超过一万人的城镇中了。1897 年，其农业人口已减少到 68.5%。

1902 年，日本初小入学率已超 90%，基本上普及了小学教育。到 1935 年前后，日本全国有超过 1/4 的人居住在十万人以上的城市中，城镇人口基本上达到了全国人口的半数。

城市化水平低，农业人口占绝大多数，不仅意味着工业化尚未到来，而且意味着国民教育水平、知识水平、卫生水平等等一概很低，整体文明素质很差。这也难怪梁启超等人在 20 世纪初就认定，国人不仅“腐败堕落”，而且多自私、奴性、卑屈、依赖、怯懦、保守、巧滑、畏葸、肮脏、缺乏群体观念和公德心，国家意识尤其薄弱。

全国人口绝大部分是农民的结果，影响到受过些教育、能够出国留日的青年学生也不可能好到哪里去。他们中一些人常因“放纵卑劣”，如在宿舍高声喧哗，乱扔垃圾，随地吐痰、擤鼻涕，长时间不洗澡，打架斗殴，而倍受日本舆论指责。1905 年，对此痛心疾首的陈天华甚至不惜以死发出劝告。他在所留遗书中慨叹道：吾国不少同学“以东瀛为终南捷径者，目的在于求利禄，而不在于居责任。其尤不肖者，则学问未事，私德先坏，其被举于彼国报章者，不可缕数”，自己的死能否对这些人有所警醒呢?

有着多年留学日本经历的不肖生也记述称，东京神田区有中国留日学生千人左右，平均每天就有一件犯罪案发生，每月警署至少会抓到十来件赌博案和二十几件嫖娼卖淫案。中国人的形象和名声正因此而愈遭污名化。

相比之下，当年凡赴日本考察或留学者，多对日本印象颇佳。1907年清廷兵部主事杨芾在日本各地走了几个月后看到的，就是日本人教育程度高，做事认真、规矩并守法。其记述称：“东京电车络绎，自晨至夜半，来往不绝，行人称便。车有黄色绿色紫色区别，各行地段，沿途设无数红柱，粉笔标明某处停留场，以便陆续上下。登车买票，无论远近，每人五钱……如拟往某处，而本车不能径达，本车另给一单，在拟到之地名上，剪一小洞，可持此换坐他车，不再取钱……如不识路途，询之路旁警察，无不详晰指示。仍有电车案内人，在轨道旁指点。东人办一事，即尽一事之责，大率类此。”遍游日本，“目不睹悖义之事，耳不闻非理之言，问何以故，曰：法律严而一也。问尽人知守法律，又何以故？曰：教育普且早也”。

对国人的文明开化程度，人们当年看得一清二楚。问题是，现状如此，如何能一步把国民变为公民，并承担起爱国、建国的责任呢？

在这方面，梁启超主张循序渐进，先行“开明专制”。康有为主张学欧美，先按财产及教育水平实行公民资格制。孙中山则想出了军政、训政、宪政三阶段路线图，主张通过训政训练人民的政治能力，完成选举县官、议员，再推及各省选举省长、省议员，最后选举跨省的国民大会，颁布宪法，举行全国大选，成就建国大业。

现实是，中国的一切都还没有变。祁老太爷从晚清到民国，一辈子只是纳税完捐，尽了一个国民应尽的责任，但国家一会儿换一个总统，一会儿复辟一个皇帝，一会儿成立一个国会，一会儿推翻一个大元帅……即使是南京国民政府北伐西讨，渐渐削平了武力反抗的各地军阀，大张旗鼓地宣布通过了一个什么“五五宪草”，一样还是与他这个平头百姓毫无牵涉。不管是孙中山一再许愿过的国民权利，亦或是实行民主宪政理当具有的公民权利，祁老太爷等一点味道都没闻到过。如今连政府都跑了，日本人来了，他不顾自己又有谁来顾他呢？

抗战建国

上海图书馆的同仁编了一套馆藏抗战旧书丛编，这对研究1931—1945年期间中日关系以及抗日战争问题的研究者来说，无疑是一件功德无量的好事。记得将近三十年前我开始接触抗战史之际，因为民国旧书不像旧刊可以借助于《全国中文期刊联合目录》，必须要一家一家图书馆自己去找。结果，花了不少时间在跑路、查书、提书和摘录，工作效率极低，跑的图书馆有限不说，即使能进去查目录的图书馆，因为根本不可能根据目录卡片一本本调出来看，最终也弄不清楚自己是不是找到了最该看的东西。

根据改革开放后北京图书馆编定的《民国时期总书目》，1911年至1949年9月间中国出版的中文图书，至少有12.4万种之多，其中仅政治、经济、文学、军事类图书，即占到半数以上。这中间，1931—1945 年十四年间与中日关系和抗战问题相关的出版物，最保守的估计，恐怕也在千种以上。

最近二三十年来，海内外开放了数量庞大的官方档案和个人书信、日记、笔记材料，其中许多都涉及 1931—1945 年这一时段，当今的研究者研究中日关系和抗日战争问题，更多使用的早已不是图书馆保存的旧书刊了。相比之下，民国年间这些公开出版物的史料价值无疑也会大打折扣。

但是，任何资料都有其自身的价值，特别是对于社会史、文化史、思想史，包括新闻、教育、文学、卫生及身体史等不同问题的研究者来说，这些反映当时状况和时人观感的文字，甚至可能远比那些形成甚至作用于幕后的官方档案，更有利用和研究的价值。就是从阅读、考察和研究的角度，许多记录着 1931 年“九一八事变”至 1945 年“八一五”抗战胜利十四年间政府、党派、知识文化界及军队和民间人心变动、意见分歧的文字，哪怕是那些带有强烈的政治宣传性的文字，同样能够对我们真切了解那个时代中国社会的复杂政治生态，提供很重要的帮助。

比如，在这套资料书中收录的《中日问题与各家论见》，就是“九一八事变”后不久政治文化各界的部分代表人物政治主张的辑录。我们从中可以清楚地看到，即使是这些具有强烈爱国心的知识人或政治人，对这场事变及中日关系问题的解决办法，看法主张一开始就大相径庭。有相信日本没有领土野心的，有认定这是日本夺取满蒙的具体步骤的；有主张谈判交涉的，有主张绝交对抗的，有期待国联干涉的，有倡言长期准备的，有呼吁马上开战的；有主张攘外必先安内的，有强调外战可息内战的；有要求取消国民党一党专政，全民动员，用经济制裁打败日本的，有公开宣传推翻国民政府召开国民会议，才是抗日救国的康庄大道的。并且还有人提出，日人用武力对我，我无能力去跟他战，亦不必跟他战。“我人之前途，即在武力反面”，主张学印度的甘地，“设法使国人向理性方面去发展”。

知识分子最讲理性，而越多理性思考，也就越容易纠结于战争的利弊得失。这种纠结不是怕死人，更不是为自己的身家性命着想，而是害怕战败亡国，真的沦为“亡国奴”，再无翻身之日。因为当时条件下中日之间的差距是明摆在那里的，即使强硬地主张开打的人也并非不清楚，靠中国当时的军队是打不过日本人的。

梁漱溟、胡适等都发表过类似的观感，即认为日本侵略中国，不过是最近百年上下欧洲工业文明征服世界过程在东亚的延续。日本既然走上了工业文明之路，就很难不步欧洲殖民主义扩张侵略之后尘；中国既然还是落后的农业国，也就很难不成为日本扩张殖民的对象。胡适还公开宣称：“我的理智决不能允许我希望‘脱开赤膊，提起铁匠铺打的大刀’的好汉”，使用“大车骆驼和人”的运输方式，凭着侥幸来与现代化的日本军队作战。

直至战争全面打响，再无其他道路可走的时候，蒋廷黻也还是明白地告诉国人称：今日“中华民族根本只有一个问题，那就是：中国人能近代化吗？能赶上西洋人吗？能利用科学和机械吗？能废除我们家族和家乡观念而组织一个近代的民族国家吗？能的话我们民族的前途是光明的；不能的话，我们这个民族……必遭惨败”。

显而易见，在这样一种理性思考的支配下，日本的入侵越是加深，爱国的知识人、文化人，包括众多政治家，难免越会意见分歧，什么主意都可能会提出来。哪怕原本持同一观点的人们，思想主张也一样会因形势危急而分化。像自由主义刊物《独立评论》的同仁们 1933—1935 年围绕着该不该求诸独裁制度来救国而展开的那场争论，以及 1937 年 8 月上旬中央政府已经决心抗战之际，胡适、陶希圣等人不仅加入到主和的“低调俱乐部”里去，而且还几度上书写信，甚至当面请求蒋介石同意对日让步，以换得一时的妥协等情况，都清楚地说明当时国人对和战选择存在很大的意见分歧。

但是，在日本步步入侵的过程中，并不是所有人都会如此理性地考虑和战的利弊得失问题。在这套书中，相当大量的内容是对军人、军队及其抗战准备和作战情况的报道、书写。从日本入侵到战败整整十四年中，许多军人，通过记者、文人的报道和描写，给亿万国人留下了十分深刻的印象。他们的思想是简单的和直线的，他们只知道遵从命令，尽职尽责地达成卫国的责任。正是由于当时还有相当多的军人具有这种对自身职任的毫不动摇的坚守精神，以及在不得已的情况下拼死一搏的壮举，极大地推动了抗战的宣传鼓动，增强了许多忧心国运的普通人与日本一战的决心。这种情况，以及文化舆论界发出的类似声音，显然也在一定程度上逐渐改变了政府和民间的人，包括众多理性知识分子在和战问题上曾经有过的犹疑态度。

这里不妨抄录一段 1933 年 2 月 28 日中央军第二师受命开赴长城前线官兵誓师会上黄杰师长的讲辞，即可一观当年那些抗日将领不惜牺牲的精神状态。他的讲演充满了鼓动性。他宣布说："我们是国家的军人，我们的责任就是保国卫民。今天国土被侵占，同胞被屠杀，是国家的耻辱，更是我们军人的耻辱，因为我们军人没有负起我们应尽的责任。……本师已奉到委员长的命令，即将离开潼关，北上参加对日军作战。这是我们全师弟兄报国的最好机会，希望大家要认清倭寇的企图。此次发动侵略，不但要亡我们的国家，而且要消灭我中华民族。因此，我们必须击败日本人，否则，不但国家不能保全，我们的同胞以及后代子孙都将永沦为日本人的奴隶，受日本人任意宰割。朝鲜亡国后，日本人在朝鲜的横行霸道，朝鲜人民所过的悲惨生活，以及流亡在我国的朝鲜人流离失所的痛苦情景，你们都是知道的。你们愿意步他们的后尘吗？你们愿意你们祖先的坟墓被敌骑兵践踏吗？愿意你们的子孙永远做日本人的奴隶吗？”

可以肯定，直至抗战结束，中国在国力、军力，乃至作战力上，都比不过日本。除去“九一八事变”当时东北军主动避战的情形不谈，从江桥抗战开始，自东北至河北，至各个战场的作战，中国军队整体上都是失败的。就整个国家的组织力而言，从许多方面来看，中国当时确实还称不上是一个成型的现代民族国家。但一直把中国当成未开化的落后民族，而不以之为战争对手的日本军国主义者，怕是无论如何也没有想到，正是他们的入侵，迫使散漫且分裂的中国人从1931年以后以特殊的方式加速地组织起来了。1938年3月国民党临时全国代表大会提出的“抗战建国”的概念，应该说比较准确地反映了抗战在中国发生的意义。正是在国家有组织地应对现代侵略战争过程中，远远落后于日本的中国，一步步开始迈入了现代国家的行列。

我之所以注意到“抗战建国”这一概念的意义，注意到抗日的中国从日本人当年所说的未开化民族，迅速转向日渐具有组织力的现代民族国家，和抗日战争有密切关系，很大程度上是受到已故的刘大年先生的启发。

记得我首次也是唯一一次参与抗战通史的集体写作，是20世纪90年代初。那时我刚到中国社会科学院近代史所工作不久。由于80年代改革开放，再加上第三次国共合作的宣传需要，中国大陆形成了一波“民国热”，特别是国民党正面战场抗战的历史逐步被学者和大众所了解，因而极大地冲击了正统教育中对于抗日战争史的说法。注意到这种情况，“文革”前做过中国科学院学部委员、改革开放后担任过中国社会科学院近代史所所长的刘大年先生，显然认为需要出来做一些“正本清源”的工作。他既不赞成回到“文革”和“文革”以前只讲政治不讲事实的做法上去，也不同意只从打仗大小、牺牲多少的角度来讲抗日，尤其不同意只从一党一派的角度来了解这场战争的意义。因此，他委托时任近代史所所长的张海鹏先生出面组织了所里和军事科学院的七八个研究人员，一同来编写一部他认为比较能够反映历史真实的中国抗战史。

大年先生是延安抗日军政大学毕业的，并且是在晋冀鲁豫抗日根据地成长起来的，算得上是一位“老革命”。他们那一代“老革命”，即使强调“实事求是”，要求历史研究必须反映历史真实，多数也离不开政治的考量。记得我在参加这个写作组不久，对传统史书中所讲的八路军平型关战斗的史实问题进行了一些考订。初步考订即发现，无论是作战性质、作战对象，还是作战规模、作战经过，包括歼敌缴获与己方损失的数字，都和传统说法有出入。大年先生听说了我的看法后，非常重视，马上把我找到他在木樨地的家里去，很仔细地询问了我资料的情况和主要的论证过程。可以清楚地看出，大年先生对于要不要把这样的考订写到书中去很慎重，也很犹豫。他之后专门打电话给中央文献研究室的相关负责人，和他们交流了这一情况，然后告诉我说：你的这个研究可以继续去做，但我们这本书还是要按以往的写法来写。

由于当时资料和研究的局限性都还很大，大年先生主持编定的这部抗战史，没能做出实质上的突破。包括对抗日战争上下时限的界定，也受大陆正统观点的束缚，最后仍旧以“八年”为限。因此，他当年给写作组提出的研究思路，实际上没有能够实现。不过，即使到今天，我仍然认为，他对中国抗战史意义的思考，还是颇有见地的。

大年先生对这场抗日战争在中国近现代历史中地位、作用的看法，集中体现在他当年提议的主书名上，即“中国复兴的枢纽”。“复兴”一词反映了他对民族文化传承的期望，但这一概念表达的意思很清楚，正是这场抗日战争，把百年来落后挨打、四分五裂的中国，一步步引上了民族独立、统一和强盛的新的历史起点。事实上，如果我们能够把对这场战争作用和意义的观察，从习惯上所说的“八年”拉开到“十四年”，即从日本发动的“九一八事变”开始算起，当不难更清楚地看出这一渐进的却又是异常明显的变化过程。

说抗日战争是中国开始走上建立现代国家道路的枢纽，不是说1840年的鸦片战争、1895年的甲午战争、1898年的戊戌变法、1911年的辛亥革命等等不重要，更不是否认自20世纪初以来民主主义、民族主义、社会主义思想的传播，1915—1920年五四新文化运动和爱国学生运动的兴起，1925年五卅反帝运动及其延续至1927年的轰轰烈烈的国民革命运动对国人观念意识的冲击和影响。但是，对于亿万普通的中国人来说，尤其是对于占中国人口90%以上、远离城市现代气息的农村人口来说，如果不是1931年日本开始大举侵入中国，直至占去半壁河山，直接威胁甚至侵害到他们的利益，或许再过二三十年，只要其生产方式及生活条件还基本上是农业的，大多数国人的家国观念怕仍旧是传统式的，而少现代的意识。像巴金笔下的觉慧，老舍笔下的李景纯、祁瑞全那样，心系民族国家命运的知识青年，在很长一段时间都还只能是极少数。这也是为什么"九一八事变"发生时，不要说形成举国一致的抗日诉求，就是想要形成一个能够得到建立在家族、地域、军事基础上的无数大大小小利害集团认同的中央政府，都还做不到。

美国中国近代史研究专家周锡瑞教授前几年写了一本讲家族史的书，中文版名为《叶：百年动荡中的一个中国家庭》。他就特别注意到了这方面的问题。他的书很具体地考察了中国一个旧式官僚家族几代人因时代变迁发生的聚散离合经过。他发现，该家族的前四代经历了自鸦片战争以来中国种种内忧外患的历次重大变故，家族的凝聚力始终未受破坏。清末民初，他们由内地安庆迁至当时中国最具现代性的重要城市之一天津之后，即使经历了五四运动和国民革命运动，家族内部也没有发生巴金在《家》《春》《秋》中所描写的成都高家那种冲突与分化。用周的话来说，直到日本入侵，要么大家一块逃，要么一块抵抗，叶家都是以家庭为单位在应对外面的变局。但“九一八事变”发生后，情况开始发生了变化。这是因为，日本侵略军不仅侵占了中国的东北，而且一步步逼近了华北平津，最后还发动了对中国的全面入侵。叶家第五代的孩子们因此再也无法按照过去的传统方式行事了。他们不仅无法在家国观念上取得一致，就是在如何救亡的问题上也开始意见分歧。大家庭被战乱打散了，弟兄们政治上各奔东西，终于以个人为单位，走上了不同的人生发展道路。

“燎原之火，生于荧荧；怀山之水，漏于涓涓。”20 世纪所有落后民族的独立、建国乃至发展的过程，都是渐进的，而且还是在 20 世纪欧美政治发展提供的多种道路选择和观念冲突中曲折前行的。“九一八事变”后叶家第五代兄弟与父辈在政治上分道扬镳，包括他们兄弟几个不同道路的抉择，本身就是 20 世纪初以来中国政治社会艰难发展的一个阶段性缩影。它清楚地告诉我们两点：第一，哪怕有日本的大举入侵，也并不意味着国人从此就都会幡然觉悟，“兄弟阋墙，外御其侮”。中国社会政治人心的警醒、凝聚，抗日战争的酝酿、发动与坚持，特别是面对如何抗战和将来应该建立一个怎样的国家的问题，在“九一八”，甚至于“七七”以后，也都还是一个积沙成塔、反反复复、曲折且艰难的选择过程。但第二，也是最明显的，是中国传统的农业社会以血亲家族为基础的生活方式和观念形态正在被迅速打破，一个日渐多元的、矛盾冲突剧烈的新的时代正在快速到来。

上海图书馆这套战时民国旧书所反映的，恰恰也就是这样一个充满了矛盾现象，却始终在潜移默化地发生着急剧变化的过渡时代。这套资料中的一些内容，用今人的眼光和知识来看，甚至是不准确的，各种资料互相之间甚至存在矛盾冲突，有的资料更是明显地具有政治偏见或虚假宣传的色彩。但是，历史就是这样发展过来的，这也是那样一个转折的或过渡的时代所具有的重要特色之一，而未必都是因为它们的作者没有时间推敲与核实事实。

如此复杂的矛盾变化形成的一个重要原因，就像周锡瑞所指出的，它根本上是一种社会结构变动所带来的。由于日本入侵的步步深入，对叶家兄弟影响更大的已经不再是父辈和家庭，而是现代社会关系条件下的同学、朋友、同事及其社会团体。尤其战争打响后，个人与社会政治之间的关系日趋密切。越是受到西式教育的年轻人，就越容易意识到国家社会对自己的不可或缺性，越容易成为一个具有现代政治主动性的“政治人”。政治一旦介入到人与社会的各种关系中来，不仅家族、血亲、地缘的影响作用会退居其次，而且不同政治倾向与政治选择之间的矛盾纠葛，既会因意识形态对立而对立，也会因政治利益冲突而冲突。当然，就记录历史真实的角度，我们反而需要把它们尽可能全面地展现出来。

师傅领进门

记得1991年我在一篇谈马克思主义中国化历程的文章的开篇写了这样一句话，大意是说：作为一种外来的思想文化，马克思主义在中国这块民族土壤上生根、开花、结果的过程，只能是一种不断被“中国化”的过程。文章发表后，很快就有一位学者著文批评，说不该把马克思主义说成是“外来的思想文化”。但这样的意见没有能够在学界，包括中共党史学界引起任何反响，因为马克思主义不是中国土生土长的本土文化观念，这本身是一个无法改变的历史事实，也正是这样一个基本事实促成了中共“马克思主义中国化”的需要与可能。

有马克思主义中国化的需要问题，自然也就有马克思主义俄国化的需要问题。相信“工人无祖国”的马克思主义会发生民族化的问题，并不是马克思本人所希望看到的。还在1877

年，马克思在给俄国《祖国纪事》杂志编辑部的信中，就曾告诫说：任何社会发展还没有真正进入到资本主义程度的落后民族的思想家，“一定要把我关于西欧资本主义起源的历史概述彻底变成一般发展道路的历史哲学理论……我要请他原谅。他这样做，会给我过多的荣誉，同时也会给我过多的侮辱”。因为，在不同的社会发展阶段及其历史环境下，看似相同的历史现象只会造成完全不同的历史结果。没有一把万能钥匙能够轻易改变历史的进程。

但是，19 世纪末 20 世纪初民族主义浪潮的兴起，掀起了落后民族独立解放和建国运动的高潮。受到马克思、恩格斯社会发展阶段论的影响，希望避免重蹈资本主义阶级压迫和阶级冲突的覆辙，直接迈上社会主义台阶或尝试社会主义变革的思想，迅速成为一股沛然莫之能御的思想热潮。而 1917 年列宁领导俄国布尔什维克成功举行十月革命，宣告以实现社会主义为目标，自然在落后民族激进知识分子当中造成了“以俄为师”的强烈心理。1919 年 3 月，当列宁发起成立“世界共产党”（即共产国际）的时候，仅在欧洲和俄国，就发展了三十多个成员组织。共产国际成立第二年即开始推动东方落后民族和殖民地半殖民地国家的民族独立运动，它因此也更容易地赢得了更多的追随者和同情者。孙中山显然是最早与苏俄发生关系，求得援助，并模仿布尔什维克来改造他的国民党的。中国当年许多小组织、小团体，一时间也大都派出过代表前往莫斯科，想要借鉴并学习它的经验。不过十来年的时间，苏俄再创奇迹，用举国之力，把一个落后俄国变成为一个强大的工业国，这一建设成就看似又一次打破了马克思、恩格斯关于历史不可超越的观点，苏俄自此更是理所当然地成为了几大洲落后民族和国家中的革命党人比学赶超的榜样。

中国与苏俄有着七千五百多公里的共同边界线，苏俄革命会对中国发生重大影响，无可避免。还在 1920 年 5 月，在法国勤工俭学的湖南学生蔡和森就写信给毛泽东等友人说：资本主义已经走向末路，马克思式共产主义是改造世界也是改造中国的真正“对症之方”，俄国革命所依据的就是马克思革命的共产主义学说，其核心主张就是组织共产党，用阶级战争来推翻资本家的统治，这是“世界革命唯一制胜的方法”。他坚决主张毛泽东等去“准备做俄国的十月革命”。他同时告诉毛泽东：马克思、列宁的革命“有两点应注意而不可游移”：（一）“无产阶级专政”；（二）“万国一致的阶级色彩，不能带爱国的色彩”。

相信共产主义是人类社会历史发展的最高阶段，既能实现世界大同，又能造就人间天堂，这是早期中国共产主义信仰者的基本信念。而为达成这一目标，他们认定资本主义只是人类社会发展的一种特定阶段，它所带来的罪恶丝毫不亚于古代社会阶级压迫造成的种种恶果。但是在资本主义生产制度已经全球化的条件下，通过世界革命，落后国家完全可能一步迈过资本主义发展的自然过程，进阶于社会主义、共产主义社会。因此，他们声称，在俄国已经发生的一切，“并不只是俄罗斯历史发展的特征，而且也是全世界历史发展的特征”；中国的革命者必须追随俄国共产党，“孔步亦步，孔趋亦趋”，把落后的中国快速引上人类社会发展的新阶段。这是包括毛泽东在内的中国早期部分激进知识分子追随俄国革命、参加共产党的主要思想动力。而模仿苏维埃俄国实现世界革命的雄心，也就被正式写入了1920—1921年成立的中共的党纲，这就是：“创造世界的苏维埃共和国，以进于无产阶级的共产社会。”

非常幸运的是，在经历了二十八年大起大落的流血牺牲之后，中国共产党人终于成就了自己的“十月革命”。1949年6月30日，亦即中共宣告建国三个月前，毛泽东曾十分感慨地公开发文，对俄国人的帮助、影响，给予了极高的评价。

他写道：自从1840年鸦片战争失败时起，先进的中国人，“为了使国家复兴”，不怕千辛万苦，“只要是西方的新道理，什么书也看。向日本、英国、美国、法国、德国派遣留学生之多，达到了惊人的程度”。但是，“很奇怪，为什么先生老是侵略学生呢？中国人向西方学得很不少，但是行不通，理想总是不能实现”。从洋务到改良，从洪秀全到孙中山，各种方法都用过了，国家还是一天天坏下去。

毛泽东说，是“第一次世界大战震动了全世界。俄国人举行了十月革命，创立了世界上第一个社会主义国家。过去蕴藏在地下为外国人所看不见的伟大的俄国无产阶级和劳动人民的革命精力，在列宁、斯大林领导之下，像火山一样突然爆发出来了，中国人和全人类对俄国人都另眼相看了”。“十月革命一声炮响，给我们送来了马克思列宁主义。十月革命帮助了全世界的也帮助了中国的先进分子，用无产阶级的宇宙观作为观察国家命运的工具，重新考虑自己的问题。走俄国人的路——这就是结论。”

不过，细心的读者不难看出，毛泽东此文发出的时间点，正是中共建国前派刘少奇率中共中央代表团首度访问莫斯科，向当时的世界共产主义运动最高领袖斯大林请益并求助之际。因此，此文明显地带有向莫斯科表明新中国决心向苏联“一边倒”的政治宣言的意图在内。这也就意味着，毛在文中其实是有意要突出强调俄国革命对中国革命的推动和帮助作用，至于其负面影响和作用，因不适于在这种场合谈及，故只字未提。需要如此做的一个主要原因，毛泽东解释得很清楚，即虽然中国革命胜利了，但“帝国主义是要消灭我们的，没有各国无产阶级，首先是苏联的援助，巩固是不可能的”。而且他这时也认定，在世界已经划分为社会主义与资本主义两大阵营的条件下，中国要走上社会主义的道路，特别是要发展经济，也非要靠苏联的帮助不可。

当然，需要强调的一点的是，在历经了不断失败的十几个春夏秋冬之后，还在中共中央得以落脚陕北延安之际，俄国式的马克思主义及其革命的经验和方法，在毛泽东那里就已经不像二十八年前中共成立之初那么“放之四海而皆准”了。一个再简单不过的事实是，在莫斯科的帮助和指导下，中共有过成功的发展，但也有过极其惨重的失败。最让毛泽东痛心疾首的一场灭顶之灾，就是导致“白区损失了百分之百，苏区损失了百分之九十”的以俄语“苏维埃”为标志的那场革命。在毛泽东看来，它的失败最主要就是因为莫斯科及其代表不顾中国革命具体实际，盲目照搬俄国革命经验的结果。

从已知的种种文献可以看出，正是苏维埃革命的惨败，使得1935年以后开始接掌中共最高领导地位的张闻天、毛泽东等意识到“以俄为师”的局限性。抗战爆发后不久，当毛泽东在党内的最高领导地位得到共产国际的正式承认后，他代表中共中央政治局首度做的政治报告中，就开始提倡“马克思主义中国化”了。当然，这个时候他的解释还较为委婉，说：“马克思主义必须通过民族形式才能实现”，必须“使之在其每一表现中带着中国的特性，即是说，按照中国的特点去应用它”。

要把“马克思主义中国化”，当然不只是把马克思主义的话语形式中国化的问题，甚至也不只是按照中国的特点去具体应用的问题。1941 年春，当毛泽东因为国共冲突问题与莫斯科之间发生意见分歧后，他在党内指示和演讲当中就清楚地揭示了这一提法的要害之处。他明确告诫说：对俄国人的话，“不可不听，又不可尽听”；对马列主义，不能当成死的教条，更不能“言必称希腊”。一个好的马克思主义者应该首先是民族的，是能够结合中国实际具体解决中国问题的。

不难想象，随后发生的延安“整风运动”，其重要意义之一即在于改变全党二十多年来唯俄共及共产国际马首是瞻的风气。为此，毛泽东不仅认同树立“毛泽东思想”的做法，而且赞成把这一思想写入党章，规定为全党工作的指导思想。

既如此，毛泽东又为什么不仅在新中国建国前夕写下那样一篇文章，向莫斯科表态“一边倒”，还要重申中国仍将“以俄为师”，宣称不仅中共革命成功根本在于过去“走俄国人的路”，而且今后中共也将一如既往地学习苏联呢?

对此，读一下 1948 年 9 月和 1949 年 3 月毛泽东在党内会议上的相关讲话，可能就会注意到这中间的某些缘由了。

对于“以俄为师”问题，毛泽东这时曾两度提到。一次是从批评的角度，说我们过去政权的制度，叫“苏维埃”。“苏维埃就是代表会议，我们又叫‘苏维埃’，又叫‘代表大会’，‘苏维埃代表大会’就成了‘代表大会代表大会’”了，“这是死搬外国名词”。一次则是从肯定的角度，在谈到从夺取政权到实现社会主义的问题时，他和与会者几乎都提到了苏联建国的经验，即俄国从1917年十月革命成功，到1929年实行社会主义集体化运动，再到1936年完成所有制改造，基本建成社会主义，经过了两个阶段。前一个阶段花了十二年时间，后一个阶段花了七年时间。大家都承认，中国比俄国落后，所需过渡时间更长；同时也相信，中国会得到苏联的帮助，可能走得快一点。综合大家的讨论，毛泽东还是很慎重。他显然相信时间上还是要留有余地，说，在中国，要实现第一个阶段，即“我国要在经济上完成民族独立，还要一二十年时间”。

由上不难看出，这个时候的毛泽东，虽然认定了新中国未来发展的社会主义方向，但对这一发展的进程，他还是谨遵马列原理和苏联经验，准备“孔步亦步，孔趋亦趋”的。1920年代毛泽东对“以俄为师”的方针坚信不移，原因是中国人对共产革命几乎毫无知识和经验，1949年毛泽东重提“以俄为师”（新中国成立后的提法是“学习苏联”），原因也是因为刚刚从农村根据地进到城市中来，初掌全国政权的中共各级干部，对于国家管理及建设同样缺少知识与经验。问题是，有了二十八年成功与失败的种种经验教训，特别是自觉1940年代积累了相当多的自身经验，认定马克思主义必须中国化，不能照抄照搬俄国经验之后，1949年后的毛泽东和1920年代的毛泽东其实已不可同日而语。在学苏联的问题上，对俄国革命经验有过严重怀疑的毛泽东，看法和态度可能再度发生变化，几乎是不可避免的。更何况，赶超思想，原本就是落后民族和国家激进党人中普遍存在的一种心理上的渴望。

查建国后毛泽东文稿可知，最初几年，他一方面在修订出版《毛泽东选集》的过程中，删去了当年文章报告中所有“苏维埃”一词，并在以胡乔木名义发表的总结中共革命历史的《中国共产党三十年》一文中，直接用“土地革命战争”或“第二次国内革命战争”，取代了“苏维埃革命”；另一方面，他却在许多场合还会提倡和要求大家要“学习苏联”。

这一情况的彻底改变，发生在1956年。这一年发生了两件具有重大意义的大事件。一是苏共二十大揭露并批判了斯大林的错误，这意味着苏联的经验及其历史上的做法存在着颇多问题；一是中共中央宣告自1953年年中起步的所有制改造基本完成，这意味着中国只用了七年时间就基本建成了社会主义社会，比苏联当年缩短了差不多十二年时间。于是，毛泽东开始在党内公开要求干部们要辩证地看待学习苏联的问题了。他明确讲：不能盲目、教条地学苏联，苏联有些东西是错误的，学苏联要以我们自己的经验为主，“批判地学”，“创造性地学”。

这里或许用得上中国的一句俗语：“师傅领进门，修行在个人。”有了中国革命的独特经验，再有了中国社会主义改造的独特经验，中国在赶超包括苏联在内的社会主义国家历史纪录方面，已经处于领先地位了。对于中共创造性地成就社会主义事业的最后一个重要领域的问题，就是经济建设，特别是工业化建设速度问题了。

这一回，毛泽东内心深处力图赶超的目标，已经不再限于排在世界经济强国第二位的苏联了。从1955年底社会主义改造眼看就要大获全胜之际，他其实就已经开始设想，如何立足中国经验，更具创造性地来实现这最具决定性的经济建设的“大跃进”了。

这个世界谁“化”谁？

1902年梁启超讲过一个观点，说19世纪是资本主义的世界，20世纪将是社会主义的世纪。梁这里讲的“资本主义”或“社会主义”，显然都是西方文明的产物，这也就等于说，人类社会今后注定要走西方人的路了。

三十年河东，三十年河西。过了一百年，“西方中心”的观点逐渐受到很多人的怀疑，包括很多西方人都相信，西方所代表的现代文明不行了，东方文明，尤其是“中华文明”的时代好像要到来了。当然，这种说法不可避免地又引发了很激烈的争论。

究竟应该“中学”化“西学”，还是应该“西学”化“中学”，自打开着炮舰的“洋鬼子”耀武扬威地到来中国之后，中国人自己就始终争个不停。在这持续了百余年，谁也说不服谁的争论中，只有一条规律还是比较明显的。那就是，如果这里的“中学”指的是毛泽东所说的“孔孟之道”，那么，就像他讲过的，历史上凡意欲变革或造反的，大都是反孔的，因为宋明以来的孔教是讲君君臣臣、三从四德、仁义礼智信的，臣不能抗君，子不能逆父，下不能违上。变革者、造反者不违上逆天，如何变革和造反？但反过来其实也一样，凡是掌权当政者，哪怕过去是造反党，最后大都会转去尊孔，因为任何政权都需要讲秩序、守规矩。

中国发展到近代，哪怕是进入 20 世纪末，毛泽东所说的这一规律似乎没有多大改变。

辛亥革命成功，革命党组成的中华民国临时政府初立，曾公开反对继续清王朝的祭天尊孔，明令学校取消读经。换到袁世凯掌权，只过了半年时间，就重申“中华立国，以孝悌忠信礼义廉耻为人道之大经”。两年后，他就毫不顾忌地公开颁布《祭礼令》，重新依照明清统治者的办法，身着祭服，俎豆馨香，三跪九叩地祭起孔圣人来了。

孙中山一贯相信欧美现代新文明“比中国进步”，中国要想“跟上世界的潮流”非“仿效欧美”不可。他领导的同盟会、中华革命党以及中国国民党，长期具有反孔倾向。但国民党 1928 年创立中央政府后，这一态度即日渐改变。1934 年更全面恢复了尊孔、祭孔的活动。当年在曲阜孔庙举行的“国祭”，华盖如云，从中央到地方的代表五千余人身着礼服，一同向孔子像顶礼膜拜。

中共夺权后虽然“不断革命”又“继续革命”二三十年，一直把孔孟之道视为反动的“封建主义”加以批判，甚至归为“四旧”，不惜从物质形式上加以破除毁灭，至1970年代初还发动了一场声势浩大的批孔运动。但改革开放后，随着它由革命党向执政党逐渐转变，情况也明显开始改变了。从1990年代起，祭孔活动在中国大陆就已经陆续恢复起来了。

当今世界上的民族国家，都是资本主义条件下现代族群政治和国际政治交互作用的产物，和古代民族及其文化、法统原本扯不上太多关系。但是，由于时代、条件、环境大不相同，相对于欧美建立在公民认同基础上的民族国家，多数后发国家很难完全依靠民主宪政体制下公民政治认同来稳固国家这一现代政治共同体。为了应对来自主权、领土、族群差异、政治合法性以及地缘政治之类的复杂挑战，利用文化民族主义，发掘创造统一的历史文化，建构自古以来民族认同的历史延续性，就成了许多后发民族国家一种共有的特色。

这种情况显然也适用于中国。王德威有云：“作为一种文明衍生的过程，‘中国’的驳杂与裂变千百年来未曾停止过。”而作为一种现代国家的政治实体，“中国”的历史更是只有短短的一百多年。在这不长的时间里，它还经历过三次革命性的政权更迭。正因为如此，越是新生政权也就越要宣传历史的延续性，及其自身的代表性。把中国两三千年的古代历史与近百年来的现代历史，通过“自古以来”的历史文化传承延续并贯通起来，对于政权稳固无疑具有极重要的作用和意义。

不过，现代文化与古代文化早已是天壤之隔，真的要把现实同历史贯通起来，在当今不可避免地会存在颇多尴尬与困难。

就像上面提到的曲阜祭孔，改革开放后地方上为求经济上的利益，还只敢小打小闹地当做旅游节目来搞。1989 年才开始扩大规模。2005 年之前，当地从来都是让演出人员身着清代祭孔服饰表演清代的祭孔乐舞。2005 年得到中央批准，正式恢复祭孔，当地马上就不得不放弃过去一直使用的清代乐舞，找出明代乐舞来进行表演。对于这一变动，当地官员的解释是，因为曲阜的孔庙是明代弘治年间形成的，采用明代乐舞和风格，与曲阜古城岁月更加协调。但这一解释显然回避了改革开放以来国人围绕“国服”问题持续了多年的争论，以及众多网民极端排斥满服的重要背景。查一下过往的相关新闻就能发现，2005 年前已不止一次地发生过因某地组织的祭祀活动，祭祀人员身穿满服举行大典，惹来网上骂声一片的情况。一些网民声称，这是因为汉人受满人压迫二百六十多年，看到今人竟然还会身着“丑陋”的满服来祭祖祭孔，会让他们备感耻辱。

其实，随便搜检一下这些年来各地为振兴地方经济举办的各种复古祭典仪式的新闻照片，就不难发现，当代中国大陆以复古为特色的祭祀活动，还存在着很多不协调的情况。形式上最不协调的主要是现场的两部分人。一部分是成千上万前往参观或顺便祭拜的民众，他们的衣着五花八门，几乎没有一件是应该穿到这种场合来的；一部分是那些代表政府部门出席祭祀大典的各类官员，他们的服装常常也是让人不明所以。和一般民众不同的是，他们的服装未必不正式，但却是各有各的章程：甲省穿的是所谓“汉服”，乙省穿的是所谓“明服”，丙省穿的是所谓“唐装”，个别地方还会身着所谓“满服”。在这种情况下更麻烦的是中央一级大员。为不致让人误以为有代表中央就“国服”表态之嫌，他们通常一律身着西装出席大典。而这就更显得奇怪了：祭祀中国古代先人，如何能着洋装祭拜？同样奇怪的是，如果穿满服祭拜孔子会让人产生耻辱感，那么，一百多年来中国同样被洋人侵略、压迫过，当今政府大员穿洋人的西装来祭祖祭孔，怎么就不见有人喊耻辱了呢？

显而易见，这里的问题在于，满服因为早就成了古董，今天不管谁穿出来，都会让人迅速与过去那段历史发生联想，以至于可能会刺激到一部分敏感者的神经。而西服，包括西式的夹克衫、中山装、T恤、汗衫以及各式裤、袜、鞋等等，因为早就成为国人的日常着装，即使是那些天天在网上反西方的民粹主义者，也感觉不出有什么问题了。这也有点像我们大陆今天使用的，看起来最中国的汉语，不仅早就按西方现代观念实行了白话化，还对汉字进行了简化，基本名词包括日常用语更是大量吸收融合了外来语。可是这种变化潜移默化，今人早就习以为常，很少人还会在意它和传统汉语有什么不同。反过来，如果今天有谁硬要国人都回去用他们基本上已经当做外语来看的古汉语来交流、写作，相信绝大多数国人反而会不知所措，甚至大光其火了。

坦率地说，无论今天人们承不承认人类社会历史进化说，想来都无法否认人类行为、举止、观念、习惯是会随着生产生活方式及其条件环境的变化而逐渐变化。以服装为例，古代中外各族群早先都是茹毛饮血而衣皮苇。进入农牧时代，发现葛麻可以结绳织物，才有了最初步的可用于遮身保暖之衣。这种发明不论谁先谁后，因为有用，大家都取“拿来主义”，没谁会去争抢发明权。甚至于进入私有制社会，丝绸或棉织品发明出来，人类服装样式一直也多是长巾一裹，或袍或裙，里面连内衣都没有，也不知裤子为何物。今日流行的西式衣裤式样，公元前几百上千年时有，也只配穷人穿，因为它只方便于劳动者生产生活之用，是人们将服装工具化的结果，富人、贵族是不屑与之为伍的。

承认这一点的话，中国古人之变通与圆融可还真是值得肯定。因为从出土的春秋战国时期中国古代劳动者或奴隶的上衣下裳及各种小袖狭身的短衣装束，即能看出中国古代下层民众早就在按照生产、生活的现实需要来制衣着装了。战国时赵武灵王能够推行胡服骑射，连贵族讲究的深衣长袍也曾被改成了便于骑射的齐膝短衣加穷袴、革靴的着装方式，就显示了古代汉人文化观念上的变通与圆融。

事实上，自商周以来历朝历代中国汉族服装的种种变化都说明，中原民族服装一直受到周边地区各民族或族群的影响，“化”来“化”去，并无固定不变的传统样式。唯一变动不大的只有一点，即上层社会主流着装形式长期不脱袍裙式样。只不过，这又并非只是中国特色，而是前工业时代大致相同的环境及其条件决定的。放眼世界上几乎所有古代民族，包括当今不少国家保留下来的所谓民族服装，大都以袍裙为主，原因也在于此。

由上不难了解，古代技术条件落后，各民族间的交往不比现代，但牲力所达之处，不同族群你“化”过来，我“化”过去的情况从未停止过。只要更适合于当时人的发展与生活，在器物层面上自不必说，即使在文化层面上会有深沟壁垒，就历史的长程看，潜移默化的、自觉不自觉的学习、影响也一样是不可抗拒的大趋势。而这恐怕也正是古代中华文化能够长期生存延续的一条重要原因。或者可以这么说，中华文化之所以较周边发展程度相近的游牧民族的文化更具生命力，甚至能够同化那些入侵民族，未必像马克思说的那样，是因为其农业生产方式较周边民族的游牧生产方式文明程度更高。而是因为，第一，农业民族的文化相对更具包容性；第二，农业文化与游牧文化本质上仍处在同一发展程度上，因而具有相互转化的基本条件。

明了了这一层，就不难看出为什么近代以来的中国始终无法以中“化”西，而只会持续被西“化”了。这是因为，一种文化同化另一种文化是有条件的，即两种文化的发展程度不能天别地隔，差距太大。像北美众多印第安人的部落文化，猛一遭遇现代外来者的工业文化，除了你死我活，也就再难找到维系其传统文化的生存之路了。处在农耕文明水平上的中华文化与代表着工业文明的强势的西方文化，发展程度上固然没有部落文化与工业文化之间的差距那么悬殊，但是，纵使清末民初之国人能够像日本人那样迅速调适，自我“西化”，现代国人也注定只会离古代国人越来越远。

对于这一历史发展趋势，马克思、恩格斯有过相当多的论述与说明。比如，很多人应该都读过马克思关于中国注定要被英国征服并被西化的论述。在马克思看来，这原本就是资本主义世界化过程中一种不可避免的现象。恩格斯对此讲得更直白。他在讨论 1846—1848 年美墨战争的正义性问题时就曾明确讲：“美国和墨西哥是两个共和国，这两国的人民都是自主的。”美国对墨西哥的战争会使西班牙人受到侵害，人类“正义”等道德原则会因此受到损害。但是，同这场战争带来的具有全世界历史意义的种种前景，即更大范围的贸易、更多现代城市、更便利的交通，以及使墨西哥变得更文明等等发展趋势比较起来，“这又算得了什么呢”？

想必当今多数大陆国人大概宁愿接受亨廷顿的文明冲突论，也很难接受马克思、恩格斯150年前的上述观点。问题是，今人不论再怎么讨厌“西化”，又有几个人真的想要抵制西人创造的现代工业成果、现代交通工具、现代通讯设施、现代武器装备，以及与之相伴而生的现代管理方法、现代交通规则、现代卫生观念等等，重新回到没有飞机、轮船、汽车、红绿灯，没有电灯、电话、自来水及排污系统，甚至没有抽水马桶和不穿内衣的时代去呢？

我们是谁？

说来惭愧，十几年前读乔斯坦·贾德那本《苏菲的世界》的时候，我对书中一上来就提到的那个“我是谁”的问题，还从没有考虑过。倒是因为成龙的一部叫《我是谁？》的电影，让我对这个问题开始有了些兴趣。当然，套用笛卡尔“我思故我在”一语，成龙在电影里寻找的那个“我”，是笛卡尔所说的“我在”之我；小说中苏菲思考的那个“我”，则是笛卡尔所说的“我思”之我。用五四时期人们常说的，前者是“物”与“肉”的问题，后者是“心”与“灵”的问题，两个问题不在一个等量级上。

“我是谁”是一个古老的哲学问题，哲学家、宗教家自古以来就在思考，迄今人们也没有一个统一的答案。倒是类似成龙那个“我是谁”的“我在”与“我形”的问题非常现实，常常会冒出来，让现实世界的人倍感困扰。这不，前两天就见有网友发帖披露说：“中国社科院在关于本国历史的对外英文研究报告中称：现在中国的官方语言普通话，是由元朝蒙古人创造并强行推广到全国的……现在意义上的汉族也始于元朝，汉朝时期的‘汉’只是国家概念而非民族概念，直到元朝蒙古统治者将国民分为四等，汉人为第三等，汉民族从此诞生。”发帖者忿忿然称：这些资料社科院“只对国外公开”，“原来我们本国人……连了解本国的历史，都没有与外国人同等的知情权”。

从网上可以很容易找到被发帖者节录作为证据贴在帖中的这篇“报告”的全文，它不是什么“中国社科院……研究报告”，而是该院语言研究所一位研究员一篇并不很正规的署名文章，好像并不像发帖者说得那么秘密，里面也找不到发帖者所提到的那些会让一些人吃惊的说法。恰恰相反，文章明确讲，蒙古统治者虽因必须与汉人打交道而实行过一种混杂着蒙古语用词和语法的汉语表达方式，即所谓“元白话”，但“元白话”太过洋泾浜，再加上蒙古人统治时间不够长，故蒙古人统治一结束，这种语言马上就消失了。其消失之彻底，以至于在随后明清两朝的各种文献资料中都再无踪迹可寻。这好像也和发帖者说的全然两样。

其实，说当今普通话从发音到用语深受胡语影响，和古汉语相去甚远，早就不是什么新鲜事了。此前的历史学研究、人类学研究、语言学研究早已证明了这一点，一般人，尤其是江南闽粤地方的人多半至少耳闻过。让一些人因该帖而大受刺激的，应该主要还是发帖者所谓“现在意义上的汉族也始于元朝”的说法。但纵使有这样的说法，不管是不是出自社科院的研究报告，在当今社会条件下充其量也只是一家之言。何况，即使发帖者所举的文章真的谈到过这种观点，以那样一篇只有两三页长的文章来立论，本身就是不严肃的，连一家之言也成不了。

记得几年前，学界中曾经有人质疑过国内一般历史书该不该不管国际权威历史著作公认的标准，自称古代中国为四大或五大“文明古国”之一。尽管提出质疑者并未长篇大论，反驳者也多是三言两语，但可以看出的是，围绕着这一问题的讨论是学术性的，所争之点也是极其关键的。那就是，对于何谓“文明古国”这一概念，我们应不应该与国际史学界或人类学界持有同样的解释标准。十分明显，一旦碰到标准问题，即使是为我们自己的说法进行辩护的众多学者也大都表现得比较谨慎。因为他们都承认，如果照国际考古学上认定的“文明”标准，以文字、金属、城市和大型祭祀场所出现的时间为主要要素来做标准，古代中国这几方面的发明创造确实要晚很多。比如甲骨文的发明就比美索不达米亚的楔形文字和古埃及的象形文字要晚一两千年，青铜器的广泛使用也比西亚两河流域至少晚一千年左右，城市和大型祭祀场所的建设与保存就更是远远落后于古埃及和古希腊了。但他们也有自己的理由，即“文明古国”还应该有时间早晚以外的其他标准。比如，其文化的影响力问题、独特性、完整性和传承度问题等。古两河流域及古埃及的文字都没有传下去，它们那里的青铜器制品也十分匮乏，世界历史上只有中国的古文字是作为中华文化的一部分得到了延续，也只有中国是唯一真正广泛使用青铜器，并使青铜器的制作、造型和艺术达到极高水平的古国。

改革开放带给中国的一大好处，是思想解放，敢想敢说的人越来越多，网络世界的形成进一步促成了普罗大众对社会、政治、经济、思想，以及过去只能是少数人与闻的学术话题的广泛参与。但破除迷信，一方面促成了大量新观念、新思想、新观点和新研究如喷泉般涌出，另一方面却也在相当程度上促成了对建立在西方话语基础上的现代文明标准的强烈质疑，极大地促成了民族主义、民粹主义和反智主义的膨胀和泛滥。比如，留意一下当今国内一些着眼于中华文明源流问题的大胆突破、假设和创新论说，就很容易发现这种情况。下述两种观点就极具代表性，且都出于草根型研究者（他们多自称“民间学者”），众多棒杀者和追捧者也多在草根中。只不过前者踩的人明显多，后者则捧的人明显多。

上面说的前者的创新之论，是说汉人从血统到文化都源于北方戎狄、匈奴、鲜卑、突厥和蒙古人。如我们日常所说所写的汉语、汉字就不是汉民族的原创；我们近代以来奉为祖先的三皇五帝、尧舜禹汤，直至秦始皇，包括唐太宗，都不是汉人，中国历史上各朝代多半都是北方游牧民族建立起来的。也就是说，我们一直引以为自豪的华夏文化的血脉和根基，几乎都起源于这些北方游牧民族。所谓中华民族，本质上就是“华夷共祖”，而夷则长期居于统治地位，即一方面农耕的汉民族与北方的游牧民族有着同源的关系，另一方面农耕的汉民族又一直是被游牧的戎狄、匈奴、鲜卑、突厥和蒙古民族劫掠压迫奴役的对象！

所谓后者的大胆言说与前者完全相反，但同样对传统说法极具颠覆性。它说的是，传统所谓华夏文化源于黄河流域完全错误。真正的华夏文化是创造了人类远古水稻生产技术的“中华糯民”创造的，因而它只能产生于水网发达的长江流域。也正是由于中华糯民将这一生产技术扩展到全世界，因而也就成为了古埃及、古希腊、古罗马、古印度，也即世界一切古代文明的缔造者。换言之，长江流域的汉人其实是一切有文字记载的古人类的祖先，包括两河流域苏美尔人、自认为“印欧”人的古欧洲人、印度早期居民达罗毗荼人和地中海高加索人。除了非洲黑人和太平洋海岛上的土著外，世界上一切掌握了农耕技术的古代民族，包括阿拉伯人、犹太人、欧罗巴人、印度人等，都是与黄种华人杂糅后的雅利安人再繁衍的结果。不仅如此，从英伦三岛到欧洲阿尔卑斯山，从地中海的克里特岛到中东欧的匈牙利，早先都是黄帝家族在西方的领地。匈牙利人的先祖，是黄帝家族的欧洲势力；希腊是黄帝后裔大禹受命征伐埃及法老后所得的封地，金字塔是中华先民祭拜天地祖宗的“众帝之台”，克里特岛上的米诺斯王宫是大禹之宫。这也即是说，人类文明的源头，不在两河流域，不在古埃及，更不在古希腊，而在长江流域，即源自华夏文明。

凡是读过亨廷顿《我们是谁？》一书的读者，相信都能意识到，自从他在前一本书中预言21世纪人类将迈入西方文明与中华文明和伊斯兰文明激烈冲突的时代之后，许多人都开始变得格外敏感和冲动起来。身为学者的亨廷顿，也明白宣称，他首先是一名爱国者，并且不得不在爱国的基础上从事学术研究。用他的话来说：“我是以一名爱国者和一名学者这样两种身份写作本书。作为一名爱国者，我深盼我的国家能够保持团结和力量，继续是一个在自由、平等、法治和个人权利的基础之上建立起来的社会。作为一名学者，我发现美国国家特性/国民身份的历史演变及其现状存在着一些引人入迷的、重要的问题，需要深入研究和分析。可是，爱国之心和治学之心有时是会有冲突的。我意识到这一点，所以我尽量努力争取做到超脱地、透彻地分析各种现象。但仍需提醒读者，我对于这些现象的选择和说明很可能还是受到我的爱国心的影响，因为我希望发现它们在美国的过去及其可能的未来所具有的意义。”而他研究美国人种、民族属性及其文化问题的一个基本出发点，就是因为他发现，如果在新的文明冲突的时代，美国人不能维护和发扬盎格鲁—新教文化以及美国建国者所树立的“美国信念”，美国就很难继续赢得国人的一致热爱并保持世界道义领导地位。

身为具有世界霸主地位的美国的学者尚且会如此考虑问题并研究问题，也就不难想象充满悲情意识和历史屈辱感的华夏子民会如何思想了。“我们是谁？”亨廷顿提出的这个问题显然也正是今天不少中国人在思考甚至在焦虑的问题。但同样在问“我们是谁”，亨廷顿关心的是“三个半世纪以来为这里的各人种、民族和宗教信仰的人所接受，成为他们自由、团结、实力、繁荣以及作为世界上向善力量道义领导者的地位的源泉”的“盎格鲁—新教的文化、传统和价值观”，而我们中许多人关心的却是从远古泥河湾古人类早期活动到三皇五帝华夏文化的源流及其古时中华“天下无敌”的伟大意义。

与当今国人及其命运密切相关的，是一万年以前华夏先祖的作为，还是最近一百五十多年中国从古代向现代变迁的曲折？对于今人来说，究竟是弄清远古人类谁主谁从、文化发明的谁先谁后问题重要呢，还是弄清近代以来中国文化传统及其价值观传承、断裂、变化的经过，以及民族国家形成条件下何以有些民族走在前面，中华民族落在后面的原因重要呢？这些照理并不是很难回答的问题。但如果亨廷顿们都不免会从民族国家的角度来考虑未来世界的安排，许多国人会受民族主义情绪影响，把学术问题政治化，也就很容易理解了。比如，有些人就公开宣称，西方学者从来都是西方中心论者，他们原来相信人类最早产生于古地中海。后来中国等地发现了大量考古成果，他们因为害怕中国崛起，不仅拒不承认人类起源于中国，而且弄出什么 DNA 测试的伪科学，硬说人类起源于非洲。而在他们看来，“中华黄种是祖种祖族，进化过程中又衍生出白种和黑种。所以中华黄种进化最成熟，脑容量最大，个子不高不矮（智力形），智商最高”。连毛都没褪干净的西方人怎么能和中国人比？故西方人最怕的，就是中国人重新统一凝聚起来，又会天下无敌。

经历过种族歧视造成的严重伤害的西方社会，对任何这类言论都会抱以高度警惕甚至是强烈批评的立场。因为它们很容易让人想起曾经发生过的种族奴役和种族灭绝等人道主义灾难。但是，如果我们历史地看问题，应该不难发现，近代以来许多民族国家初步形成后开始处于上升期的时候，这种由民族自豪感生发出来的文化优越，乃至人种优越的心理，都曾对那些刚刚亢奋起来不久的爱国者发生过难以抗拒的吸引力。

18 世纪前后在英美流行过种族主义思潮，20 世纪前半期在德国、日本风行过种族优越论，都具有相近的历史背景。

但人种和基于人种的文化真的那么重要吗？至少，像美国这样的移民国家大概是谈不到有多少这方面的优势的，然而它却依然能够在当今世界占据头等地位。这中间的原因显然和人种纯粹及古代文化优越与否毫无关系。而建立在现代分子生物学基础上的分子人类学诞生后，大量科学检测和研究也已经证明，世界上根本就不存在所谓“纯正”的民族或种族，更不必说是自古以来纯粹正统的民族或种族的文化了。

而这一番考察更让我了解，与其跟着当今火热的民族国家话语，去追问和研究“我们是谁”，倒真不如多从自身的角度去问一点“我是谁”的问题。太过执著于“我们是谁”，很容易让我们忘记我们也是这个世界和整个人类的一分子，而更多地注意到“我们”与“他们”之间的区别，从而形成更多的隔阂，造成更多的恩怨和冲突。多问一点“我是谁”，倒可能会让我们多注意到“人”的共通的一面，更多地明白一点生命存在的真意义。

幸福终点站？

以前在《东方早报》上读到一篇评论，题目叫“对国家要有个坦率的态度”。文章开篇提到两位有影响的人物，一位是因敢于直言批评自己国家问题而颇具人气的央视女主播，去年到美国产下一女；一位口头上非常爱国，甚至以反对西方霸权为志业的所谓“意见领袖”，竟在多年前就把儿子送去了美国。

其实，数一数我们身边的亲朋好友，跑到美国去生孩子的，把子女送去西方读中学、读大学的，把国内多余的资产转移到国外去的，又何尝在少数。再上网查一下中国这些年来海外移民的信息，更能发现，自改革开放以来，国人移民海外就始终一浪高过一浪地在奔涌着。最早大批涌向海外者，是那些无权无势的普通人。那些年，光是偷渡跑到海外去挣钱并且“黑”下来的，就不知有多少。以后陆续是大批留学生，或早早就发现西方国家好处的有知识、有技能的年轻人，大量以留学等名目出国不归。即使最近这几年沸沸扬扬的移民潮中，除了那些在国内赚了钱的富人和有权有势的干部家属，许许多多没钱没势的平头百姓，稍有办法，也还是一样拐弯抹角地想要改变身份。自己改变不了，就想着靠孩子来改变，于是跑到美国，跑到香港，甚至跑到塞班去生孩子的年轻人成千上万。

目前已知仅这些年在香港出生的所谓“双非儿童”，就有一二十万之多。每天早上和下午，站在港深罗湖或福田关口，你都能看到蔚为壮观的场景：数以千计的幼儿和小学生，一批跟着一批，浩浩荡荡地涌入、涌出。

记得1979年军旅作家白桦发表过一部电影剧本，叫《苦恋》，次年被拍成电影，不仅未能公映，还惹起一场风波。原因就在于它讲述了一个1949年后在当代中国历史上具有一定代表性的既悖谬又悲惨的故事：

一位叫凌晨光的画家内战时因参加反抗运动被迫逃亡国外，1949年新中国建立即毅然归国。1950年代他度过了最好的一段时光，但随后特别是“文革”到来，他和家人生不如死。女儿与男友决心逃亡国外，画家开始还反对。女儿因此愤然问道：“您爱我们这个国家……可这个国家爱您吗？”最后，画家也被迫逃亡且死于荒野。影片刚一拍成就受到批判，最主要的政治帽子就是，该剧本不仅是反爱国主义的，而且公然鼓吹“背离社会主义祖国”。

白桦当然不是在鼓吹“背离”祖国。在他看来，谁会不爱生于斯长于斯的乡土家园，而愿意跑到一个连语言文化都不同的异国他乡去生活呢？他想要追问的是：为什么自己的国家不能善待热爱自己国家的自己的国民呢？

时代不同了，与这位画家以及当年无数因为种种原因受歧视、受迫害的海外归侨及知识分子不同，今天绝大多数移民或希望把后代送出国者，主要不是因为歧视和迫害选择离开中国的。他们用脚投票的原因多种多样，因为法治缺失，因为财产安全问题，因为教育质量，因为食品、疫苗、饮水，甚至空气的毒化与污染等等。但是，只要我们注意到中国选择用脚投票的人数特别多，而且经济越发展人数越成倍增长的情况，我们就不能不承认，白桦当年的那个疑问依然存在。

稍微回顾一下历史就会知道，中国人移民海外不仅由来已久，而且数量庞大。但是，一二百年来，移民的主体基本上是穷人，目的就是为了挣钱。以“天朝子民”自居，视移民为“逃民”、“流民”的风气，也由来已久。

一个重要的事实是，凡在海外有了一些经济地位的华侨，往往反而更愿认祖归宗。从孙中山革命到抗日战争，华侨毁家纾难甚至流血牺牲者，比比皆是。不仅如此，与改革开放后的情况形成鲜明对照的是，那个年代无论是普通华侨，还是赴海外留学的中国人，大都不愿做移民。1907 年荷兰政府通过新律，要把南洋爪哇的华侨全部划入荷兰籍，就引发南洋华侨的集体抗争。20 世纪初期，中国曾有数万青年赴日，民国年间则有上万留学生赴美、英、法等西方国家留学，他们绝大多数没有选择留在海外，无论学成与否，基本上回到中国来了。而这种情况为什么发生了很大变化呢？

据官方统计，1950 年代初，在海外的华侨华人约有 1200 万人；到 2010 年，人数已经超过 4543 万。1950 年代初到 1977 年“文革”结束后这段时间，中国大陆基本上处于闭关锁国的状态，除了 60 年代初因大饥荒、1966—1968 年因“文革”动乱，两度有数以万计的民众集体逃亡出境外，新增加的三千多万海外华侨华人中，一多半应该都是改革开放后去海外的。

以移民美国的情况为例，1970 年美国还只有 43.5 万中国（含台湾）移民，1980 年就增加了近一倍，达到 81 万；1990 年又增加一倍，达 165 万；2000 年达到 288 万，2007 年更达到 353.8 万人，这中间有一半以上的移民都已加入了美国国籍。尽管在新增加的三千多万移民中，绝大多数还是以挣钱为目的的普通劳动者，但是，移民欧美和日本等发达国家的知识分子、富人及权贵家属明显成为主流。他们，也包括多数赴发达国家打工、经商、生子的普通国人，想方设法为自己或者为子女取得所在国的国籍，不再做中国人，也已经成为一个重要的趋势。

自从人类开始进入现代工业社会，形成一个又一个现代民族国家以来，地球上的每一个人，哪怕每一寸土，都被打上了国家的印记。当世界被划分成各自独立且主权、疆界神圣不可侵犯的民族国家之后，人们再也没有可能像中世纪犹太人或古代中国人那样，自由迁徙于几大洲或不同族群聚居地之间了。一个人只有归属于一个国家并为之效力时，那个国家才会为他提供服务和保护，反之，他将无立足之地。

2004 年上演过一部叫 *The Terminal* 的美国影片，到中国来被译成了《幸福终点站》。它讲了一个让我印象深刻的小故事。影片中汤姆·汉克斯饰演了一个叫维克多的斯洛文尼亚人，他飞到纽约国际机场，入境过关验证时被发现他的国家突然政变且成为美国的敌国，他随身的证件等均告失效。结果，这个倒霉的家伙既不能踏上美国的土地，又没有合法的证件乘机返回祖国，不得不睡在机场大厅的椅子上，在卫生间里洗澡，靠为路过的旅客提供服务来勉强度日，等待他的国家与美国政府解决两国关系问题。

导演斯皮尔伯格把维克多在纽约国际机场的遭遇，拍成了一个充满温情的浪漫故事。这大概也是中文译者会把“The Terminal”译成“幸福终点站”的一个原因吧。但显而易见的是，这种故事多半也只能发生在电影里。试想，如果来到纽约国际机场的斯洛文尼亚人不是一个两个，而是成百上千，甚或如近年跨海偷渡去欧洲的阿拉伯难民一般，成千上万，而且源源不断，结果又当如何呢?

当然，这部影片还是能够给我们一些有益的提示。比如，一个国家政治上和经济上的稳定，往往直接关系到这个国家中绝大多数人的安危和命运。再比如，国民不仅仅是国家这个共同体的组成部分，也注定会成为自己国家荣辱利弊的背负者。国兴民兴，国辱民辱。当年大多数中国留学生之所以不愿留在美、英、日等国，就和这种情况有关。在《忍不住的“关怀”》一书中，我就介绍过当年留美的梁实秋讲过的两件很典型的事情：

一是同学陈长桐去学校旁边的一家理发店理发，坐在椅子上半天没有人理，最后一个理发匠明白地告诉他：“我们不伺候中国人。”陈长桐气不过，到法院去告了这家理发店，官司是赢了，但那位理发匠很无奈地告诉陈说：你以后要理发，我可以带了工具到你府上来理，请千万别再到我店里来，因为黄种人进入店中理发，许多白种人就不愿再来了。

二是他们那届大学毕业时，在学校的毕业典礼上，“照例是毕业生一男一女的排成一双一双的纵队走向讲台领取毕业文凭，这一年我们中国学生毕业的有六个，美国女生没有一个愿意和我们成双作对的排在一起，结果是学校当局苦心安排让我们六个黑发黑眼黄脸的中国人自行排成三对走在行列的前端”。

美国是典型的移民国家，是最早公开主张“人人生而平等”

和“民族自决”的国家，照理是落后国家的国民当年最容易去的地方。但事实上美国的人权、自由、平等种种，一样经历了相当漫长的进化过程。印第安人、黑人、妇女，以及华人，无论作为少数族裔还是作为个人的平等地位的取得，几乎花了两百年的时间。针对华人，美国国会1882年甚至专门通过了一个法案，严格限制华裔移民。此一导致华人在美国长期受到歧视的法案，直到1943年美国和中国战时结盟后才得以废除。足以见为什么20世纪上半期的留美学生多半不愿留在美国，以及为什么越是在海外的华侨、华人、留学生，往往也越爱国了。

如果一个人因肤色、语言、文化、信仰受歧视受压迫，容易激发起原本并无意识的族群情感、民族情感或爱国情感，那么，1949年后因爱国而留在大陆或回国效力的大批青年学生、知识分子、华侨、华人，却在“文革”等历次运动中受到无休止的斗争、批判、歧视与压迫时，由不解，到逆反，到疏离，直至选择出走，也就不难想象了。

人们之所以热爱自己的国家，根本上是因为爱自己和爱家人。自20世纪七八十年代以来世界发生了一个重要的变化，多数国家都开始高度重视人权、自由、平等问题，都不再允许歧视少数族裔和移民群体。基于经济发展的需要，许多发达国家还开始大力吸引人才和投资，开放技术移民和投资移民。因此，当自己的国家不能保持稳定，或不能为自己和家人提供应有的权利保障，哪怕只是不能提供健康的生存环境时，人们为自己或为后代寻找一个“幸福终点站”，在今天也就成为同样不可避免的事情了。

无论一个国家是如何形成的，它既然由国民所组成，国民也就有选择的权利。当今国家对国民的吸引力明显地逐渐转向了国民个人幸福感指数的高低。虽然，有条件移民的人毕竟是极少数，中国的巩固与存续未必需要太过担心移民人数的多少，但有一点历史的镜鉴还是值得注意的，即从长远的观点看，世界上没有哪一个国家抑或它的版图是亘古不变、永续存在的。

看看古代历史地图就可以了解，自有文字记载以来两千余年的时间里，古代中国的版图始终在大幅变动。今日中国之疆界，纯粹得益于中华民国当年继承了清朝的而不是明朝的版图。更重要的是，晚清以来中国虽历经分裂、战乱与外国侵略等种种危机而未瓦解，也幸赖历代政治家与海内外华人的共同坚持与牺牲。

问题是，这并不就是历史的终结。读一下 19 世纪、20 世纪以来的世界历史就能发现，这两百年来有多少国家兴了又亡，合了又分。1945 年“二战”结束时，世界上总共只有五十几个国家，短短半个世纪之后，地球大小依旧，却生生裂变出二百多个国家来了。谁说今后不会还有新的民族裂变或新的国家诞生出来？

国民用脚投票的越多，越说明国家的问题多多。不论当今移民们是否真能找到自己的“幸福终点站”，对于当政者来说，改变传统思维实在是太重要、太关键了。国家能不能成为国民依靠的臂膀和幸福的港湾，在当今时代对任何国家的当政者来说，都是其合法性的重要试金石。

前车列列，足可镜鉴矣。

后记

这里收录的文章，大都是过去一年多来我在《财新周刊》杂志上发表的历史随笔或曰读史札记。作为一个专业的学术研究人员，我其实很不喜欢写什么专栏文章，按期被编辑催着交稿子。但近年来，面对专业史学的迅猛发展和网络史学膨胀引发的种种问题，历史学者仅仅满足于具体的史实研究，以还原历史真实，已经明显不够了。因为，如果我们过去更多地是在清理各种人为制造的虚假历史，所面对的主要是产生于或左或右极端对立的许多主观说辞的话，当下的情况则变得复杂多了。

今人已经很少不重视历史真实了，很多研究甚至已经真实到让你不想再往下看的程度。但即使如此，我们还是无法直接让真实说话。毕竟，再真实的历史也有其片面性。你看到的可能是这一面的真实，我看到的可能是那一面的真实。在当今世界变得越来越多元的情况下，太多国家、民族、族群、阶级、阶层、党派之类利益体间的差异，不可避免地制造出太多观念的、文化的甚至是历史的区隔，进而形成太多不同的情感、立场和选择。姑且不论每个人的教育背景、知识背景以及意识形态的、道德伦理的价值标准，还都可能有其时空上的不同，仅仅情感、立场、利益上的差异，就决定了今人对历史上的人和事很难不生出种种不同的历史解读来。

当然，人们并非没有可能从这许许多多不同或差异中挣脱出来，基于历史主义的方法来解读历史。这也是我破天荒接受徐晓的邀请，为《财新周刊》文化版开专栏写文章的一个主要原因。值得庆幸的是，虽然这在我是第一次，但到底还是坚持了下来。

为了这个意外得来的小册子，我要特别向徐晓和《财新周刊》文化版编辑刘芳表示我的谢意。

杨奎松

2015 年 12 月 15 日